Александр Свияш

КАК ПОЧИСТИТЬ СВОЙ «СОСУД КАРМЫ»

САНКТ-ПЕТЕРБУРГ
Предприниматель Сироткин А. Э.
МИМ-ДЕЛЬТА
1998

ББК 86.42
С24

Автор выражает большую благодарность
директору Центра гармоничного взаимодействия
Ю. Аксеновой за помощь в подготовке этой книги.

Фото В. Киржача

Свияш А.

С24   Как почистить свой «сосуд кармы». — СПб.:
Предприниматель Сироткин А. Э., ЗАО «МиМ-
Дельта», 1998. — 224 с.

Третья книга Александра Свияша продолжает прежнюю
тему — как сделать жизнь человека более комфортной, чтобы
он мог достигать своих целей и не попадать в ситуации конфликтов, несчастных случаев или болезней. Причем это не очередной учебник по программированию на успех, а система,
дающая в руки любому человеку простой и понятный механизм
понимания того, почему в жизни человека возникают негативные события.

В книге приводятся более двадцати проблемных ситуаций
из жизни реальных людей — конфликты детей и родителей,
одиночество или развал семьи, неудачи в бизнесе или на работе. Все случаи рассматриваются с точки зрения предложенной
автором системы взглядов на требования Высших сил к поведению человека в этом мире.

Приведены специальные упражнения и тренинги, которые
позволят человеку избавиться от негативных воздействий на
него со стороны окружающего мира.

В книге впервые рассматривается вопрос о том, можно ли
совместить бизнес и духовность.

Как и в предыдущей работе, в книге можно встретить ряд
парадоксальных выводов, которые могут не совпадать с традиционной системой взглядов на мир.

Книга написана простым и доступным языком и может
быть очень полезной предпринимателям и домохозяйкам, врачам и чиновникам, и любым другим категориям населения.

ББК 86.42

ISBN 5-93148-001-3

Введение

Здравствуйте, уважаемые читатели!

Разрешите сначала привести несколько выдержек из писем, полученных от читателей моих предыдущих книг.

Выдержки из писем читателей

— *...Прочитала Ваши книги с чувством, близким к восторженному, так как многие понятия, нахватанные из других книг, стали простыми и ясными.*

Паламарчук Виктория Владимировна,
г. Ростов-на-Дону

— *...Спасибо Вам за Ваши книги. В них я нашла много полезной и необходимой на данный период информации. Как просто разумом понять и принять Ваши идеи изменения сознания. Конечно, для Вас это не просто идеи, не плод воображения, а реальный опыт, пропущенный через себя, — этим-то и ценны Ваши книги. Они учат правильно реагировать на удары судьбы и доступно объяснять причину возникновения различных проблем и искать выход в себе, начинать с себя, а не с других. Я очень Вам благодарна.*

Соловьева Людмила,
г. Чебоксары

— *...Прочитав две Ваши книги, хотела бы продолжить познание жизни и самой себя. «На Востоке простота изложения считается высшим достижением, ибо простота свидетельствует о ясности понимания». Я считаю, что это высказывание подходит к Вашим принципам* *изложения, я очень рада этому! Хочется сказать Вам спасибо и пожелать не останавливаться на достигнутом!*

Васильева Наталья Владимировна,
г. Тула

...Прочитала Вашу книгу и пришла от нее в восторг, даже не от того, что в ней написано, а от того, какие вибрации она распространяет.

Надежда Масловская,
г. Кишинев

— ...Книга «Как быть, когда все не так, как хочется» захватывает. Такие книги, как Ваша, в отдельные периоды жизни для человека могут стать целительными и успокаивающими душу!

Коннов Сергей,
г. Пенза

— ...Читая книгу «Как формировать события...», у меня возникло чувство, что я это знал, но не мог вспомнить. Вторая Ваша книга помогла обобщить и связать мои знания в этой области. Я очень благодарен за это.

Зозулько Сергей,
Ленинградская область, пос. Бугры

...Спасибо Вам большое за Ваш труд! Книга «Как формировать события своей жизни...» — великолепная! Учащая! Очень доступная для чтения! Простая и сложная одновременно, а самое главное — живая. Впервые в жизни я пишу письмо автору. Прочитано очень много всевозможной духовной литературы, а вот написать захотелось именно Вам.

Обухова Ирина,
г. Нововятск, Кировская обл.

— ...Я хотела бы поблагодарить Вас за очень интересную и нужную книгу «Как быть, когда все не так, как хочется».

Мне стало легче жить, я поняла основной кармический закон. Я теперь пробую сформировать так события, как бы я хотела, не нарушая основного закона. Это очень сложно. Но зато знаешь, как действовать. Все в твоих руках!

Любовь Заблоцкая,
Кишинев

Просим не считать приведенные выше выдержки за саморекламу. Просто мы сердечно благодарим наших читателей за теплые письма. Именно они являются мощным стимулом для продолжения работы, итогом которой явилась эта книга.

Развитие идей предыдущей книги

Если вы не читали других книг серии «Эзотерика для домашнего применения», то смело можете начать с этой. Но сразу предупреждаем, что она во многом является продолжением и развитием идей, подробно изложенных в предыдущей книге «Как быть, когда все не так, как хочется».

В большинстве своем изложенные в этой книге материалы не являются принципиально новыми, как ранее. Соответственно тех из наших читателей, кто ждет от этой книги новых откровений о законах функционирования Непроявленного мира, ждет некоторое разочарование. Их идеализация Александра Свияша должна быть разрушена, поэтому в этой книге они не найдут много принципиально новых сведений. Хотя немного — найдут. В том числе очередную порцию парадоксальных взглядов, которые с трудом принимаются большинством нормальных людей.

Откуда такое название

Эта книга называется «Как почистить свой „сосуд кармы"». Название, как обычно, отражает содержание книги.

Если вы читали предыдущую книгу, то понятие «сосуд кармы» вам знакомо. Здесь мы развиваем это понятие и показываем на конкретных примерах, по каким клапанам заполняется этот сосуд в часто встречающихся ситуациях. И соответственно даем рекомендации, как этот сосуд можно почистить.

Конечно, у каждого человека имеется свой, неповторимый набор идеализаций, за который он «воспитывается» по строго индивидуальной программе. Но, тем не менее, нам удалось выявить некоторое количество похожих по внешним признакам «воспитательных» процессов. Возможно, кому-то из читателей они покажутся знакомыми и помогут разобраться в себе. А понять свои идеализации — это уже половина пути к избавлению от них.

Что будем чистить

Содержание книги посвящено чистке преимущественно одного нашего тонкого тела — ментального. Того самого, в котором создаются идеализации, так отравляющие нашу жизнь.

Такой подход к содержанию книги обусловлен тем, что автор не работает с проблемами физического и эфирного тел человека. Эти аспекты достаточно хорошо разработаны, и он лишь рекомендует те методики или приемы, которые наиболее эффективно помогают при наличии проблем в этих телах человека. Его область — ментальное и эмоциональное тела. И, если удастся, более тонкие. Но это в перспективе.

Нужно сразу отметить, что автор с большим сомнением относится к утверждениям некоторых последователей систем исцеления, что они работают со всеми тонкими телами сразу. Скорее всего, они не понимают того, о чем говорят. А может быть, и понимают, но лукавят. Поэтому судить не будем, но четко определим нашу область деятельности. Наше — это мир убеждений, знаний, идеализаций человека. Как нам представляется, это область ментала (и немного — астрала). Именно здесь мы наработали некоторый опыт и положительные результаты, которыми и делимся в этой книге.

Наши извинения прекрасной половине человечества

В книге рассматриваются более двух десятков конкретных случаев проблемных ситуаций из жизни женщин. В результате может сложиться впечатление, что проблемы бывают только у женщин, а мужчины — это почти что Ангелы небесные.

К сожалению, это далеко не так. Мужчины (впрочем, как и женщины) в основной массе бесконечно далеки от святости. Просто их система ценностей не позволяет им ходить к кому-то и спрашивать совета. Они пытаются биться с жизнью до последнего вздоха самостоятельно. Это неправильно, но это так. **А женщины более гибки, динамичны.** Поэтому, попав в проблемную ситуацию, они стараются использовать все возможности для победы. В том числе советы психолога.

Поэтому на наши семинары и консультации ходят преимущественно женщины, уставшие от борьбы с жизнью (сильная половина человечества в такой ситуации преимущественно идет в пивную). Соответственно у нас накопился большой опыт консультирования женщин. И примеры приводятся именно из их жизни. А не потому, что автор не любит женский пол и выставляет напоказ его проблемы. Вовсе даже наоборот.

Поэтому мы заранее приносим извинения тем читательницам, у которых сложится впечатление, что автор(ы) испытывают какие-то негативные эмоции по отношению к женскому полу. Ни в коем случае.

Кто помогал писать

Эта книга, как и предыдущая, написана в тесном сотрудничестве с одним из Высоких Учителей. Именно он помогает автору в сложных случаях при проведении консультаций. И именно он периодически подбрасывает автору новые идеи, которые вы найдете в этой книге.

Прикладной материал

Книга, как обычно, носит очень прикладной характер. Как нам представляется, эта книга в сочетании с двумя предыдущими охватывает очень широкий спектр жизненных проблем человека. Конечно, не весь, но довольно значительный. Так что для понимания причин появления ваших проблем нужно хорошо разобраться в написанном и применить все это к себе. И только в крайнем случае обращаться за профессиональной консультацией к людям, владеющим соответствующим сертификатом. Более подробно мы расскажем об этом в конце книги.

Вопросы духовности

В этой книге мы впервые поднимаем необычный для эзотерики вопрос: могут ли сочетаться стремление к успеху в бизнесе и высокая духовность. В итоге авторы приходят к несколько необычным выводам, которые будут приняты далеко не всеми нашими читателями. Но что делать, выводы мы делаем не из желания угодить всем, а исходя из вполне понятных и логических рассуждений.

Цели дальние и ближние

При написании этой книги впервые возник вопрос — а зачем все это нужно? Какова конечная цель написания этой и предыдущих книг? Только ли наработка имиджа и благосостояния ее автора?

Как нам представляется, и это тоже, хотя это далеко не главное. А что же тогда главное? Попробуем сформулировать ответ на этот сложный вопрос.

Разделим наши цели на две части — перспективную и прикладную.

Перспективная цель состоит в том, чтобы **разработать четкую и понятную большинству людей систему взглядов на жизнь, объясняющую причины происходящих с ними**

событий и позволяющую им самостоятельно стать хозяевами своей жизни.

Это не просто и не быстро, но все равно когда-то нужно делать первые шаги. Эта система, скорее всего, должна включать в себя не только объяснительные, но и инструментальные составляющие. То есть наработать систему упражнений, тренингов и, может быть, даже приборов, лекарств или каких-то специальных добавок, позволяющих изменить отношение человека к жизни.

Внедрение этой системы взглядов на жизнь (или системы жизни) будет проходить несколькими путями. Один из них — широкое информирование потенциальных участников системы через книги и публикации в специальном периодическом издании (скорее всего, в газете).

Для тех, кто заинтересовался этой системой взглядов, будут проводиться лекции, обучающие семинары и индивидуальные консультации. А отсюда уже вытекает прикладная цель.

Прикладная цель — создать группу специалистов, профессионально владеющих предложенной системой взглядов на жизнь.

Профессионально — значит прошедших соответствующую сертификацию (или, скорее, инициацию) и отвечающих определенному набору требований (в частности, по заполненности «сосуда кармы»). Такие люди (или организации) будут входить в состав **Академии гармоничного взаимодействия.** К ним можно будет обратиться за получением профессиональной консультации, совета и т. д. Более подробно об этом можно будет прочитать в конце книги.

Таковы планы на будущее. А сейчас нам пора переходить к самой книге. В добрый путь!

1. ЕСТЬ ЛИ ПРОБЛЕМЫ НА ДУХОВНОМ ПУТИ

> Существует ошибочное понятие о том, что, следуя по духовному пути, вы должны отказаться от всего материального. Это не всегда верно. На самом деле вы должны отказаться только от чувства, что материальные вещи — наиболее важные. При пользовании материальными вещами вы должны достичь баланса, который позволяет духовной стороне вашей сущности пользоваться ими возможно более эффективным образом.
>
> *Послание Эль Мория. Из книги «Чинеллинг».*

1.1. «СОСУД КАРМЫ» – ЧТО НОВОГО?

С момента выхода предыдущей книги прошло немного времени, но уже наработан некоторый опыт работы с известным читателям «сосудом кармы». Выявились новые клапаны, стала более понятной особенность конфигурации сосуда и т. д. Поэтому вторую книгу мы начинаем с описания «сосуда кармы» с учетом наработанного опыта. Как нам представляется, большинству читателей будет не вредно перечитать этот материал, даже если они внимательно прочитали предыдущую книгу.

Если вы помните, базовым понятием всей общей теории кармических взаимодействий является понятие идеализации. Напомним, что оно означает.

Понятие идеализации

Идеализировать – это значит придавать избыточное значение, страстно ненавидеть, ревновать, презирать, обижаться или испытывать другие чрезмерные эмоции (и даже любовь) по отношению к людям или событиям жизни.

Идеализация возникает тогда, когда у вас в голове имеется некоторая идея о том, как должен вести себя муж (или жена), ребенок, знакомый, начальник, представитель власти и т. д. Вы знаете, как он должен себя вести (или каким он должен быть). А он ведет себя немного (или совсем) не так. То есть **он не соответствует тому идеалу, который существует в вашем уме.** Поэтому вы становитесь агрессивным и пытаетесь заставить его поступать так, как вы считаете нужным. Либо вы впадаете в грусть или отчаяние от того, что он ведет себя неправильно. В обоих случаях **вы не принимаете этого человека** (а через него и весь мир) **таким, как он есть,** поскольку он не соответствует тому идеалу, который существует в вашем уме.

Идеализировать можно не только отдельных людей, но и ситуации окружающего мира в целом. Например, правительство ведет себя неправильно и ведет страну в тупик. Политики думают только о себе и не заботятся о народе. И подобных идеализаций, которые так отравляют нашу жизнь, существует огромное множество.

Идеализация возникает **только тогда,** когда вы придаете какой-то земной ценности избыточно большое значение. Если эмоция не избыточна, то все в порядке. Например, если что-то происходит не так, как вы считаете нужным, то вы спокойно можете **немного и недолго поворчать.** Или даже ругнуться (желательно в пределах нормативной лексики) — сколько угодно, это почти не грех. Но вот **впадать в длительные и чрезмерные страсти по поводу несовершенства (на ваш взгляд) какого-то элемента окружающего мира — нехорошо.** Такие избыточные эмоции означают, что вам очень дорога эта ценность и вы не допускаете ее нарушения.

Значит, рано или поздно эта **ценность должна быть разрушена или отобрана у вас,** чтобы вы не забывали, что все дает и все забирает у нас только Бог (или какой-то иной представитель Высших сил). А заберет он у вас эту ценность именно потому, что она очень значима для вас, и вы не допускаете иного развития ситуации. А ведь этот мир создал Бог. И все, что здесь происходит, происходит с Его ведома. А вы недовольны тем, что здесь происходит, недовольны продуктом Его деятельности (мужем, ребенком, начальником и т. д.). Значит, вы недовольны именно Им, чего он вовсе не одобряет.

Процесс разрушения наших идеалов называется **кармическим «воспитанием»**. Это «воспитание» срабатывает **путем принудительного разрушения идеализируемых нами земных ценностей**.

Чтобы более полно объяснить, как все это происходит, мы предлагаем рассмотреть следующую модель.

Модель «сосуда кармы»

Представим себе наше недовольство миром (то есть наши «грехи») в виде некоторой жидкости. Эта жидкость собирается в специальный накопитель, который мы представим себе в виде ограниченной по размерам емкости — **«сосуда кармы»**.

Через отдельные трубы жидкость втекает в «сосуд кармы» сверху и собирается в нем, характеризуя **количество накопленных «грехов» человека**.

Одновременно эта же жидкость через специальные трубы потихоньку вытекает снизу — пропорционально нашим заслугам перед Высшими силами. Вытекание образует то, что мы называем «очистка кармы». Когда «сосуд кармы» заполняется до некоторого уровня (накапливается определенное количество «грехов»), то срабатывает механизм кармического «воспитания», и у человека тем или иным путем отбирается то, чему он придает избыточное значение.

Кто же контролирует и ведет подсчет количества наших грехов? Мнения различных авторов по этому вопросу расходятся. Одни считают, что это делает Бог. Другие — что это делают специальные «сущности кармы». Третьи — что это делают эгрегоры. Точно это неизвестно никому, поскольку все происходит в Непроявленном мире, а источники информации о происходящих там процессах не очень убедительны. Поэтому и у нас есть некоторые предположения на этот счет.

Нас контролирует «смотритель»

Как нам представляется, у самых Высших представителей Тонкого мира достаточно своих дел и у них, скорее всего, нет времени постоянно следить за нашими поступками и, тем более, мыслями и эмоциями. Поэтому мудрая Природа **прямо в душе человека** предусмотрела некий механизм, который **постоянно следит за его мыслями, эмоциями и поступками** и в соответствии с ними регулирует уровень поступления жидкости в «сосуд кармы». Обозначим этот механизм наблюдения за нами словом **«смотритель».**

Как раз он **следит за мыслями и поступками человека**, подсчитывает объем жидкости в «сосуде кармы» и принимает решения, что делать с человеком. Или — какие «воспитательные» меры пора к нему применять. Что может представлять из себя этот самый «смотритель», мы уже рассказывали.

Наказания при заполнении «сосуда кармы»

Когда «сосуд кармы» **заполнен до половины**, то «смотритель» не имеет к человеку больших претензий. Человек живет нормально и имеет небольшие неприятности-напоминания по жизни.

Но как только он начинает идеализировать что-то в этой жизни, открывается соответствующий клапан и сосуд начинает наполняться больше этого уровня. Когда уровень заполнения превышает 60%, то «смотритель» начинает более активно применять свои «воспитательные» меры. Он начинает посылать человеку напоминания типа: «Гражданин, Вы забыли, что Вы только посетитель в этом мире. Все в этом мире принадлежит не Вам, поэтому либо довольствуйтесь тем, что есть, либо топайте отсюда». То есть человеку начинают посылать

13

уже довольно **сильные сигналы,** и если он их не понимает, то ситуация резко ухудшается.

В принципе, кармические сигналы по мелочам посы-
лались и раньше, но теперь они возрастают и **становятся
постоянными**. В зависимости от того, по отношению к
чему возникла идеализация, у человека появляются
крупные неприятности на работе, возникают проблемы
во взаимоотношениях с близким человеком, скандалы в
семье, у него крадут деньги или вещи, он попадает в
аварию и т. д.

Если человек не воспринимает это как персональный
сигнал, а всего лишь как случайность, и продолжает
вести себя по-прежнему, то ему посылается более стро-
гое предупреждение. **Никаких случайностей в нашем
мире нет — в этом отношении он строго детерминирован.**
Все, что с вами происходит, организовано вашим собственным «смотрителем» и является напоминанием вам о
неправильном отношении к миру.

Когда «сосуд кармы» человека **заполняется на три
четверти** (на 70—80%), то «смотритель» начинает посылать **довольно сильные сигналы**. Как мы уже говорили, с
человеком происходят несчастные случаи, разрушается
семья, возникают крупные неприятности по работе.
**В первую очередь у него развалывается то, чему он при-
дает избыточное значение**. Если человек не понимает
смысла этих сигналов, то возникают тяжелые болезни.
Хотя сигналы в виде болезней идут практически все
время — из-за ошибочного образа мыслей практически
здоровых людей найти почти невозможно. Поэтому к
болезням добавляются несчастные случаи и другие неприятности.

Поскольку с недугами физического тела довольно
эффективно борется медицина, то «смотрителю» иногда
сложно навязать болезнь какому-нибудь человеку — например, спортсмену. Но у «смотрителя» есть много других
возможностей послать предупреждение. Если с бо-
лезнью ничего не получается, то у человека **развалывается судьба** — возникают проблемы сразу по многим на-
правлениям.

Когда «сосуд кармы» наполняется **почти доверху** (85—95%), у человека появляются смертельные болезни или очень серьезные неприятности типа полного развала всех дел, отсутствия жилья, семьи, денег. Если человек опять не понимает, что он нарушает правила поведения в этом мире и начинает надеяться на врачей, целителей или собственную службу безопасности, то к нему применяют крайние (с нашей точки зрения) меры.

На этом этапе «сосуд кармы» **переполняется**, и терпение у «смотрителя» заканчивается. Если человек успевает осознать, что он неправильно ведет себя в этом мире, и резко изменит свой образ мыслей и поведение, то соответствующий клапан перекроется и уровень в «сосуде кармы» несколько понизится. Тогда болезнь уходит — случаев самопроизвольного излечения рака или СПИДа известно немало.

Если же психология человека и его поведение в мире не меняются, то у него забирается жизнь — он умирает.

По нашим измерениям, смерть часто наступает при заполнении «сосуда кармы» на 92—95%. А иногда и при **еще меньшем заполнении**. Так бывает, когда душа человека пришла в эту жизнь с высокого этажа Тонкого мира, но не выдержала наших испытаний, и ее «сосуд кармы» стал наполняться. Тогда, чтобы не допустить переполнения сосуда и соответственно попадания души на много этажей ниже исходной позиции, ее **досрочно отзывают из командировки** на нашу землю. Поэтому люди с выдающимися способностями (то есть пришедшие с высоких этажей Тонкого мира) иногда уходят из жизни раньше, чем люди, не обремененные способностями. Со способных спрос больше, да и контроль за ними построже.

Человеку доступно все земное

Все вышесказанное вовсе не означает, что мы придумали еще один способ запугать вас и предлагаем бояться всего. Совсем нет. Как нам представляется, **человек приходит на Землю, чтобы попробовать всего, что здесь есть. Поэтому каждый может заниматься бизнесом и политикой, любовью и сексом, повышать свое благосостояние и самовыражаться в творчестве.** Можно и нужно делать все это с азартом и удовольствием. Важно только не переступать ту тонкую грань, когда человек перестает относиться ко всему, как к игре, и начинает всерьез обижаться или ненавидеть. Это уже наказывается.

Но как же вычислить эту самую тонкую грань, за которой начинается «воспитание»? Как нам представляется, каждый человек должен ощутить ее самостоятельно, хотя и мы дадим дальше некоторые рекомендации. Например, такую: **ищите аналоги спокойного отношения к жизни и прощения любой ситуации и применяйте их к любым происходящим с вами событиям.**

Например, если на рыбалке у вас в последний момент сорвалась крупная рыба, вы наверняка будете очень остро и эмоционально переживать этот промах. Но чуть позже **вы примете эту ситуацию** и простите себя, рыбу и весь мир. Точно так же нужно относиться и к остальным неудачам — в личной жизни, работе, творчестве и т. д. Произошло, так произошло, что тут поделаешь. Тогда вы легко будете идти по потокам жизни и ваша карма будет только уменьшаться. Счастливого пути!

Как выглядит «сосуд кармы»

Как в точности выглядит «сосуд кармы», мы пока что не знаем. Поэтому ничто не мешает представить нам «сосуд кармы» в виде небольшой емкости, в которую сверху по нескольким трубам поступают наши «грехи» в виде жидкости кармы.

Опыт подсчета заполненности «сосуда кармы» у людей с разным отношением к жизни показывает, что этот сосуд должен иметь **форму классического кувшина** или даже пузатого чугунка. Этот вывод можно сделать на основании того, что первые 10−20% емкости сосуда заполнены практически у всех людей, в том числе стоящих

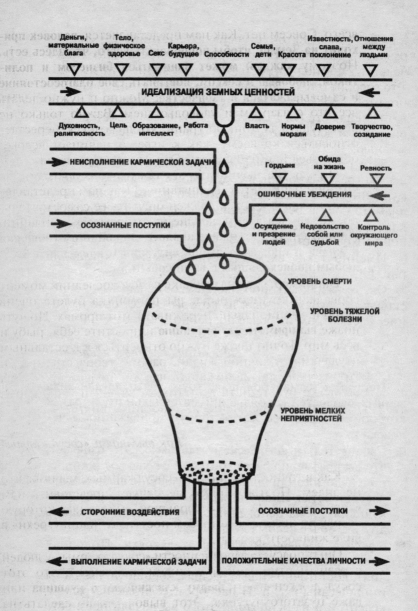

Рис. 1.1. «Сосуд кармы»

на седьмой—десятой ступеньках лестницы духовного развития. Нам до сих пор не удалось встретить ни одного человека с заполненностью «сосуда кармы» ниже 20%. Это говорит о том, что малейших идеализаций достаточно, чтобы сосуд был заполнен на эту величину. То есть в нижней части сосуд имеет довольно маленький объем, он узок и заполняется при малейшем недовольстве жизнью.

Зато потом, когда человек накопил изрядное количество грехов, уровень в сосуде может возрастать очень медленно. Это может быть только в том случае, если диаметр сосуда резко увеличится. Значит, он похож на классический кувшин с узким дном и довольно широкой верхней частью.

Именно такая схема «сосуда кармы» показана на рис. 1.1.

Сверху жидкость попадает в «сосуд кармы» по нескольким трубам, каждая из которых имеет свое название. Рассмотрим их более подробно.

Идеализация земных ценностей

Первая, и самая большая, труба — это **идеализация земных ценностей** (проявлений материального мира), к которой можно отнести избыточную привязанность человека к:

■ **Своему телу и физическому здоровью.** Это означает, что вы чрезмерно беспокоитесь в случае возникновения недомоганий или при нарушении физического совершенства. Либо Бог дал вам здоровье и физическую силу, и на основании этого вы стали презирать других, более слабых людей.

■ **Красоте и внешней привлекательности.** Подобная идеализация имеет место, когда вас постоянно беспокоит, достаточно ли вы красивы, хорошо ли вы одеты и причесаны и т. п. И наоборот, если вас наградили красотой и на основании этого вы начали презирать остальных, «некрасивых» людей, это тоже очень нехорошо.

■ **Сексу в его самых разных проявлениях.** Секс является частью нашей жизни, и никто не может запретить наслаждаться им. Но если вы недовольны своим сексуальным партнером (осуждаете его за несовершенство) или осуждаете себя за недостаточные сексуальные возможности (которые, как вам кажется, должны быть более выдающимися), то это уже грех.

■ **Деньгам и иным материальным ценностям.** Почти всем не хватает денег и материальных благ, сколько бы их у вас не было. Но идеализация возникает лишь тогда, когда вы считаете свою жизнь неудавшейся, если у вас не хватает денег, нет автомобиля или загородного дома. Либо когда у вас есть много денег, и на основании этого вы начинаете презирать других людей, не имеющих денег в таком количестве.

■ **Работе.** Многие люди бóльшую часть жизни отдают работе и не представляют себе жизнь без любимого дела, без осуществления своих планов и идей, роста карьеры или достижения высокого уровня материального благополучия. Поэтому периодически они получают «щелчки» в виде неудач в делах, сбоев в карьере или потери денег.

■ **Семье, детям.** Каждый человек с юности составляет себе модель будущей семейной жизни, придавая особое значение ее некоторым аспектам (верность, любовь к порядку, внешний вид, ровные взаимоотношения и т. д.). Поэтому для разрушения идеалов ему дается партнер, имеющий противоположную систему ценностей.

■ **Нормам морали, общественному мнению.** Подобная идеализация характерна преимущественно для пожилых людей, получивших воспитание в соответствии с нормами коммунистической морали. Соответственно у них вызывает большое раздражение «аморальное» поведение молодежи, изменение системы жизненных ценностей и т. п. Для военных и чиновников часто очень значимо мнение соседей и знакомых, поэтому их детям иногда приходится разрушать эту идеализацию.

- **Совершенству.** Человек может превозносить собственное или чужое совершенство и презирать «несовершенных» людей. Причем модель «совершенного» человека у каждого обычно своя собственная. Например, национализм и фашизм появляются в результате превознесения совершенства одних людей и унижения остальных.

- **Развитию, образованию, интеллекту.** Идеализация этих качеств характерна для научных работников, людей искусства, интеллигенции. Она порождает презрительное отношение к необразованным или неразвитым людям. Или они не представляют своего ребенка без карьеры в науке. Соответственно в порядке разрушения идеалов родителей их ребенку наука будет совершенно безразлична.

- **Творчеству, созиданию.** Идеализация творческих способностей характерна для артистов, музыкантов, художников, писателей и других людей, занятых созиданием чего-то нового. Получив способности для творчества при рождении, они часто забывают, кто дал им эти способности, кто организует «вдохновение» и т. д. Собственные успехи порождают презрение к остальным, нетворческим, человеческим особям. Или к тем, кто неразвит и не понимает вашего творческого самопроявления.

- **Вере во что-то, доверию.** Масса людей отдала свои жизни, пытаясь реализовать придуманные кем-то идеи — коммунизма, светлого будущего, хорошего правителя и пр. Множество живущих людей верят в подобные идеалы и раздражаются, когда реальная жизнь развивается совсем по другим законам. Сюда же относится **избыточное доверие к другим людям** — они вынуждены будут разрушать ваш идеал. «Доверяй, но проверяй», чтобы потом не обижаться, особенно в финансовых делах, учит нас народный опыт.

- **Способностям.** Это идеализация достижения успехов на любом поприще в этом мире. Если успех не достигнут, то люди с подобными «зацепками» считают, что жизнь прошла зря. И наоборот, если люди достигли большого успеха благодаря своим способностям, они могут начать презирать других людей, что является грехом и наказывается.

- ■ **Карьере, будущему.** Подобные идеализации характерны для тех людей, кто планирует свои будущие успехи и впадает в агрессивность или уныние, когда их планы нарушаются.

- ■ **Целям.** Каждый человек ставит в жизни какие-то цели и стремится их достичь, что совсем не плохо. Но когда цель не достигается, человек может впасть в уныние, депрессию, раздражение или гнев. Вот это уже наказывается. Человек может стремиться достигать любые земные цели, и он не должен делать их целью своей жизни. Земные цели достижимы в позиции игрока, стремящегося к выигрышу, но допускающего возможность проигрыша на очередном этапе.

- ■ **Известности, славе, почету, поклонению.** Эти человеческие радости одинаково любят как мужчины, так и женщины. Известность дело неплохое, но когда известные люди начинают презирать остальную, «серую», массу людей, то это наказывается. Подобная идеализация известна как «звездная болезнь». Она привела к краху карьеры многих известных личностей.

- ■ **Власти.** Власть любят многие, но не у всех есть возможность ее попробовать. Мужчины пробуют получить власть в обществе или на работе, женщины применяют ее в семейной жизни. Сама власть не вредна, наказываются жажда власти и наслаждение от ее применения в случае унижения других людей или попытки заставить весь окружающий мир быть таким, как вам представляется.

- ■ **Отношениям между людьми.** Подобная идеализация имеет место, например, у людей, получивших воспитание в семье с хорошими взаимоотношениями. Попав в обстановку, где люди ведут себя грубее, человек начинает раздражаться или впадать в агрессивность, пытаясь навязать свою модель чутких или деликатных взаимоотношений.

■ **Духовности, религиозности.** Сама по себе духовность является благим делом. Но если человек кичится тем, что он духовен, или всегда исполняет религиозные обряды и презирает других, «бездуховных», людей, то это уже наказывается. Идеализация духовности часто порождает внутреннее презрение к миру материальному, в итоге такие люди остаются без денег и других благ.

Выше мы привели самые распространенные виды земных ценностей, значение которых люди склонны преувеличивать. Возможны и другие виды идеализации земных ценностей, но они встречаются несколько реже.

Ошибочные убеждения

По второй трубе накапливаются грехи, накопленные человеком в результате имеющихся у него **ошибочных убеждений и представлений о жизни.** К таким наиболее распространенным убеждениям можно отнести:

■ **Гордыню, тщеславие, завышенную самооценку.** Подобное отношение к миру имеет место тогда, когда человек считает, что весь мир вращается вокруг его пупка. И что бы в мире ни происходило, все направлено либо против, либо за него. Соответственно человек считается только со своим мнением, потребностями и интересами и презирает всех остальных. Либо человек очень властен и внутренне уверен, что для него достижимы любые цели. Эта идеализация приводит к полному разрушению всех планов и дел в целом сильного и уверенного в себе человека.

■ **Попытку поставить под свой контроль окружающий мир, властность.** Подобное отношение к жизни характерно для людей, занимающих любые руководящие должности. По роду своей работы они планируют, как должны развиваться события, и раздражаются, когда их планы рушатся. Такая же идеализация часто имеет место в семьях с властными женами. Для разрушения идеализации им даются слабые, инфантильные мужья, не умеющие зарабатывать деньги, пьющие или больные.

■ **Ревность.** Это чувство возникает, когда один человек относится к другому как к своей собственности. А моя собственность должна принадлежать только мне, и никто не смеет до нее дотрагиваться (или смотреть на нее). В порядке воспитания ревнивцу обычно достается свободолюбивая и внутренне независимая половина.

■ **Осуждение и презрение людей.** Подобное отношение к людям возникает у тех, кто достиг реальных успехов в нашем мире, — добился денег, славы или власти. Либо у человека имеются какие-то способности, позволяющие ему свысока поглядывать на остальных людей. Но не меньшим грехом является осуждение самого себя, например, своих слабых способностей, неумения достигать целей, прошлых поступков и т. д.

■ **Обида на жизнь.** Такое отношение к жизни может сложиться у любого человека, независимо от уровня его способностей, благосостояния или успехов. Человек считает, что его жизнь не удалась. Или что он не получает того, что вроде бы должен. Или избыточно получает наказания ни за что. На самом деле его состояние является следствием его отношения к жизни.

■ **Недовольство собой или судьбой.** Подобные установки обычно создаются в результате избыточной идеализации своих способностей. Расхождение реальности с собственными убеждениями вызывает раздражение, агрессивность, обиду или осуждение.

Перечень ошибочных убеждений можно многократно расширить, включая политические, национальные, религиозные и иные взгляды. Примерами ошибочных убеждений являются внутренние настройки типа «жизнь не удалась», «я самый несчастный», «меня никто не любит», «я никогда не выйду замуж» и подобные. Людей с подобными убеждениями часто не интересуют ни деньги, ни слава, ни другие материальные или духовные ценности. Им просто **нравится ощущать себя в подобном**

несчастном состоянии, часто они находят в этом определенное удовольствие. Точнее говоря, это состояние максимально комфортно для их неконтролируемой «словомешалки», которая таким образом оттягивает на себя все жизненные силы человека и вводит его в состояние депрессии или постоянных сомнений.

Люди, обладающие ошибочными убеждениями, обычно находятся не в ладу с окружающим миром и являются любимыми клиентами эгрегора «несчастной жизни».

Если рассматривать более глубоко, то **ошибочные убеждения чаще всего являются результатом идеализации какой-то земной ценности.** Но объекты идеализации иногда определить довольно трудно, а ошибочные убеждения обычно лежат на поверхности и декларируются самим человеком. Именно поэтому мы выделили их в отдельный источник жидкости, заполняющей «сосуд кармы».

Каждая из перечисленных выше идеализаций и ошибочных убеждений имеет свой **личный клапан** на соответствующей трубе, и, как только человек реализовал эту идеализацию, клапан тут же открывается, и жидкость через него начинает поступать в «сосуд кармы».

Пока человек идеализирует хотя бы одну земную ценность, именно через нее жидкость поступает в соответствующую трубу, а через нее — в «сосуд кармы».

Но как только человек осознает ошибочность своего отношения к земным ценностям, клапан тут же закрывается и жидкость перестает поступать по этому каналу в «сосуд кармы». Если все другие клапаны тоже перекрыты, то жидкость перестает поступать сверху и ее уровень в сосуде убывает («карма очищается»).

Осознанные негативные поступки

Еще одна, третья, труба для жидкости кармы — это **«осознанные поступки»,** т. е. негативные поступки человека, совершенные им в соответствии со своей волей. Иногда люди понимают, что они совершают неправильные действия (насилие, издевательство, убийство и т. п.),

24

но считают, что это им допустимо. Есть установленные Высшими силами нормы, чего человек не должен делать в этой жизни, и если они им сознательно нарушаются, то карма начинает поступать как раз по этой трубе.

Неисполнение кармической задачи

Следующая, очень важная, труба — **«неисполнение человеком своей кармической задачи».** По этой трубе накапливается карма в том случае, когда человек не исполняет в жизни ту задачу, с которой его душа пришла в наш мир.

У каждого человека есть ряд кармических задач в цепи его реинкарнаций — создать семью, дать жизнь ребенку, побыть воином, ученым, сельским жителем, создать что-нибудь новое, накопить определенный объем знаний и т. д. Похоже, что в цепи реинкарнаций **каждый человек должен попробовать все, что есть в этой жизни,**— любовь, семью, власть, политику, педагогику, спорт, войну, работу руками и головой и т. д. То есть пройти все ступеньки лестницы духовного развития. Причем **некоторые люди за одну жизнь решают сразу несколько кармических задач.** Явным признаком такого отношения к жизни является **резкая смена видов деятельности.** Например, человек работал поваром или учителем, был хорошим специалистом и достигал отличных успехов в своей работе. Затем он без видимых причин бросает эту работу и начинает заниматься чем-то совсем другим, например, становится фермером или артистом. Достигнув успеха и удовлетворения в одном деле (т. е. решив одну кармическую задачу), человек хочет достичь успеха в совсем другом виде деятельности (т. е. решить другую задачу). В последние годы таких людей становится все больше.

Определение своей кармической задачи

Как нам представляется, **ориентировочно свои кармические задачи можно оценить с помощью гороскопа,** в котором перечисляются основные сферы успешного приложения ваших сил. Логика здесь простая. Если вашей душе нужно попробовать себя в руководстве коллективом, то ей целесообразно было родиться под знаком Льва. Если в прошлых жизнях ей не хватало чувственности и любви, то она должна была родиться под знаком Скорпиона и т. д.

В текущей жизни человеку может быть поручено исполнить только одну кармическую задачу — например, принести людям новое произведение искусства или новые научные знания, создать образцовую семью или организовать работу людей на новом предприятии.

К сожалению, что это за задача, люди обычно не знают. Хотя не все так безнадежно. Люди часто ощущают **тягу к какому-то виду деятельности** — общественной или политической деятельности, бизнесу, педагогике, медицине, творчеству и т. д. Если человек занимается тем, к чему его тянет, то **у него все получается и он доволен своей судьбой**. Такое восприятие мира и есть индикатор исполнения человеком своей кармической задачи.

Если же человек под влиянием родственников или друзей, воспитания или придуманных им самим идеалов идет против того, к чему тянется его душа, то начинается накопление жидкости кармы по этой трубе. Человек чувствует неудовлетворенность жизнью, у него появляется повышенная обидчивость, необоснованная раздражительность или злоба и т. д. Так бывает, например, когда человек при внутренней тяге работать с детьми (педагогом, воспитателем и т. п.) идет работать в банк или инофирму, например, из-за желания получать большую заплату. В результате у него есть деньги, но нет удовлетворенности жизнью. А раз нет удовлетворенности, то неизбежно появятся проблемы в личной жизни, со здоровьем и т. д.

Подобных примеров можно привести множество. Многие люди под влиянием общественного мнения переехали жить в город, но душа их осталась на земле. Сегодня они отбывают срок на работе, а душа их остается за городом — на огороде или дачном участке.

Довольно много людей занимается не тем делом, для которого они были предназначены. Поэтому они испытывают необъяснимое раздражение, апатию, упадок сил, получают болезни и т. д. Подобное состояние получило название «синдром хронической усталости», и радует этот синдром только фармацевтические фирмы, выпускающие болеутоляющие, успокаивающие и витаминные препараты.

Но обращаем ваше внимание на то, что, по нашим наблюдениям, **далеко не у каждого человека есть кармическая задача в профессиональной сфере.** То есть далеко не каждый человек должен испытывать тягу к какому-то виду деятельности. Многие люди могут заниматься всем, чем могут или захотят, не нарушая никаких кармических требований. Более того. По нашим наблюдениям, возможны случаи, когда **у человека нет ни одной явной кармической задачи.** То есть душа такого человека просто пришла в этот мир на экскурсию, а не в командировку.

Четвертая труба достаточно важна, но она **функционирует далеко не у всех людей.** Чем более был заполнен «сосуд кармы» на момент смерти в предыдущей жизни, тем больше кармических задач будет стоять перед вами в этой жизни. Часть людей приходит на землю с почти пустым «сосудом кармы» и не имеет особых обязательств в этой жизни. Другие люди выбрали себе профессию по душе и тем самым «отработали» свою кармическую задачу. Кто-то неудачно создал семью и много лет мучился, пока не разорвал эту связь с чувством огромного облегчения. Скорее всего, тем самым он исполнил свой кармический долг в сфере семейных (или сексуальных) отношений и может дальше свободно стремиться к осознанно выбираемым им самим целям.

Очищение «сосуда кармы»

Но «сосуд кармы» не только наполняется — иначе все мы жили бы лет до пятнадцати. Ведь именно в этом возрасте вовсю проявляются обиды, осуждения, ревность и другие негативные эмоции.

Поэтому, чтобы мы жили подольше, мудрая Природа предусмотрела снизу у «сосуда кармы» несколько труб, по которым жидкость кармы сливается (или «очищается»). Т. е. человек своей жизнью и мыслями накопленные грехи искупает.

Скорее всего, **нижние трубы все время приоткрыты**, и жидкость кармы все время потихоньку через них вытекает. Потому что как только перекрывается поступление жидкости кармы сверху, то сосуд сразу начинает опустошаться, т. е. накопленные грехи постепенно уменьшаются. Видимо, наша не очень легкая жизнь способствует этому.

Нижние трубы, как мы уже сказали, выделены пока только приблизительно. Сегодня они видятся в следующем наборе.

Осознанные поступки

Одна из нижних труб — **осознанные положительные поступки**. Человек может идеализировать что-то земное, но своими положительными поступками он может открыть клапан на этой трубе и откачивать жидкость кармы, не доводя ее уровень до тяжелых последствий.

Причем к «положительным» мы относим только те поступки, которые **отвечают требованиям Высших сил**. А не те, которые относит к положительным наше общественное мнение. Иногда эти требования прямо противоположны. К подобным поступкам можно отнести **сознательный отрыв от каких-то земных ценностей, к которым человек испытывает избыточное тяготение**. Например, бросить курить после многолетнего пристрастия к этому процессу. Или отказ от переедания при большой любви поесть. Или отказ от любимых сластей. Или смена места работы, когда ваша избыточная увлеченность работой начинает наказываться вашим собственным «смотрителем».

Кроме того, сюда же относятся проявления сочувствия, милосердия, бескорыстного служения светлым целям, благотворительность и подобные дела, направленные на благо других людей.

Положительные качества

Вторая труба для отвода жидкости из «сосуда кармы» — это **положительные качества личности**, такие, как доброта, добродушие, веселость, оптимизм и т. п. Человек может быть «зацеплен» за что-то земное, но вследствие природного добродушия и оптимизма его «сосуд кармы» никогда не переполняется. В таком равновесии часто находятся толстые (любящие поесть) и добродушные люди.

Сторонние воздействия

Третья труба снизу — **воздействие других людей** (или **сторонние воздействия**). Любой человек может пойти к хорошему целителю или экстрасенсу, тот произведет какие-то манипуляции и откачает часть жидкости из «сосуда кармы». Но это **воздействие будет скорее всего кратковременным**, поскольку без перекрытия трубы сверху «сосуд кармы» довольно скоро вновь наполнится жидкостью — через неделю, месяц или год. Поэтому действие большинства экстрасенсов напоминает действие таблеток — пока пьешь,— помогает, перестал пить,— все возобновилось.

То же самое можно сказать о религиозных ритуалах очищения. Например, в православии это пост, исповедь и покаяние, соборование. Они довольно эффективны для очистки «сосуда кармы», но человек должен делать их достаточно часто, поскольку при этих процедурах не изменяется отношение человека к миру. Система его ошибочных убеждений остается прежней, поэтому верхние клапаны остаются открытыми и сосуд скоро вновь наполняется. Служители церкви достаточно хорошо понимают временность своих процедур и призывают прихожан очищаться каждую неделю.

Выполнение кармической задачи

Мы уже рассмотрели важность исполнения человеком своей кармической задачи. Если человек не исполняет ее, то у него открыта соответствующая труба сверху. Но если исполняет, у него есть некоторая возможность нарушать другие кармические требования.

Этому помогает еще одна труба снизу, которую можно назвать **«выполнение кармической задачи, с которой человек пришел в наш мир».** Как мы уже говорили, направляясь в наш мир, душа человека дает какие-то обещания. Как минимум это вести себя так, чтобы не увеличить наполнение «сосуда кармы». Если человеку даны способности, он должен использовать их на благо людям, даже если это связано с финансовыми и иными трудностями. Примеров подобного отношения к жизни можно привести множество. Педагоги, медицинский персонал, историки, литераторы, библиотекари, ученые и люди многих других профессий работают часто за символическую плату. Но эта работа им по душе, т. е. они исполняют свою кармическую задачу. И не хотят от нее отказываться, несмотря на сложности и лишения.

Если человек исполняет свою кармическую задачу, то клапан на этой трубе открывается и из «сосуда кармы» жидкость постепенно сливается.

Пустой «суд кармы»

Таким образом, в какой-то момент времени «сосуд кармы» может остаться **совсем пустым** — у такого человека совсем нет грехов. Это святой человек, не привязанный ни к чему земному. Он имеет правильные убеждения, он помогает людям — целительством, проповедями, своим образом жизни. На него никто не насылает негативных воздействий, а в случае таких воздействий к нему ничего не прилипает. Практически такого человека ничто не держит на нашей планете, **он находится здесь только по своему желанию и может уйти в любой момент.** Подобных людей совсем немного в нашем мире. Таковы, например, йоги высокого посвящения или адепты любой религии. По своему желанию они могут уходить в Тонкие миры и возвращаться назад, в человеческое тело. Когда они считают, что полностью выполнили свою кармическую задачу, они уходят из нашего мира, невзирая на свой возраст.

Один из путей сознательного перехода в такое состояние — это сознательный отказ от земных ценностей, или аскеза. Хотя, скорее всего, аскеза есть перекрытие верхней трубы «идеализация материальных ценностей».

Таковы примерные источники заполнения «сосуда кармы» и пути его очищения. Каждый из нас может **примерить к себе, какой клапан у него «подтекает»** и не было ли у него в жизни событий, которые можно отнести к кармическому наказанию именно за это неправильное убеждение или поступок. Наверняка каждый сможет найти у себя в жизни не один случай, попадающий под это объяснение.

Как оценить заполненность своего «сосуда кармы»

В предыдущей книге мы привели систему показателей, по которым можно вычислить заполненность своего «сосуда кармы» на момент рождения (место рождения, семья и пр.). Но, напоминаем, эти показатели позволяют приблизительно вычислить заполнение вашего сосуда **только на момент рождения** (так называемую «зрелую» карму).

Но с тех пор прошло много лет, и **ситуация могла радикально поменяться.** Может быть, вы стали святым. Или, что скорее, наоборот. И заполненность вашего «сосуда» сегодня может очень сильно отличаться от того уровня, с которым вы пришли в этот мир.

Можно ли оценить заполненность вашего сосуда сегодня? Как нам представляется, сделать это совсем не сложно. Для этого вам нужно оценить **степень** вашей

удовлетворенностью жизнью и **наличие «воспитательных» воздействий** на вас по каждому из следующих показателей (шкал оценки):

- степень вашей обеспеченности деньгами и другими материальными благами (в соотношении с уровнем ваших потребностей);
- степень вашей обеспеченности жильем;
- наличие семьи и удовлетворенность семейной жизнью;
- наличие любимого человека и взаимоотношения с ним;
- наличие детей и взаимоотношения с ними;
- взаимоотношения с родителями;
- наличие работы и степень удовлетворенностью ею;
- понимание своей задачи в жизни и степень ее выполнения;
- состояние здоровья;
- удовлетворенность жизнью в целом.

Если вы чувствуете, что жизнь «достает» вас хотя бы по одному из указанных выше показателей, то смело можете считать, что ваш сосуд заполнен процентов на 60. Если неприятности идут по двум-трем шкалам, то ваш уровень близок к 75%. И если все дела разваливаются и вы чувствуете, что почти все ваши усилия кем-то блокируются, то уровень грехов в вашем сосуде достиг процентов 85—90. Выводы делайте сами.

Возможно, в дальнейшем можно будет разработать методику более точной самооценки заполненности «сосуда кармы». Сегодня же, к сожалению, о такой методике приходится только мечтать. Но будем надеяться, что с помощью Высших сил она все же будет создана.

В дальнейших разделах книги мы приведем примеры того, какие именно наборы идеализаций приводили к тем или иным «воспитательным» мерам со стороны Высших сил.

А мы пока подведем первые итоги.

ИТОГИ

1. Человек приходит в наш мир и может делать в нём все, что он хочет. Но при этом он ничего не должен считать «своим» и не должен идеализировать ничего земного. Он находится всего лишь на краткой экскурсии в наш мир и должен относиться к своим успехам и неудачам, как к игре.

2. Все грехи человека можно представить в виде некоторой жидкости, собирающейся в «сосуде кармы».

3. «Сосуд кармы» заполняется по четырем трубам, которые называются «идеализация земных ценностей», «ошибочные убеждения», «осознанные поступки» и «неисполнение кармической задачи». По любой из этих труб может поступать жидкость, характеризующая ваше неправильное отношение к этому миру.

4. Жидкость из «сосуда кармы» может сливаться по следующим четырем трубам: «осознанные поступки», «положительные качества личности», «сторонние воздействия» и «выполнение кармической задачи».

5. Зная механизмы заполнения и опустошения «сосуда кармы», человек может сознательно регулировать его заполнение и тем самым управлять своей судьбой и своим здоровьем.

1.2. КУДА ИДТИ?
ЛЕСТНИЦА ДУХОВНОГО РАЗВИТИЯ

В этом параграфе мы несколько отвлечемся от идей «сосуда кармы» и поговорим о другом — об уровнях духовного развития людей. Тема эта возникла не случайно. В ходе семинаров и консультаций часто встречаются вопросы типа: «Мой муж (жена) меня не понимает и осуждает мое увлечение эзотерикой. Что мне делать, можно ли наставить его (ее) на духовный путь?» Из ответов на эти вопросы и сложился материал данного параграфа. Как нам представляется, он будет совсем не вреден большинству читателей.

Одной из причин возникновения проблем в семьях часто является совершенно **различные интересы супругов**. Одному их них интересен театр или эзотерические семинары, а другой сильно увлечен своей работой или добыванием денег любой ценой. Очевидно, что несовпадение интересов является следствием разного **уровня развития** людей.

Причем развития не интеллектуального (или ментального) — они оба могут закончить один вуз и работать в одной организации. Скорее всего, говорить здесь можно только об **уровне духовного развития** каждого из супругов или других родственников. Под душой здесь понимается совокупность тонких тел человека, лежащих выше тела ментала. Один из вариантов структур тонких тел человека мы уже рассматривали в первой книге.

Лестница духовного развития

Именно душа накапливает и обобщает опыт нашего существования в каждой из инкарнаций. Конечная ее цель — высшая степень духовного развития (десятый этаж Тонкого мира и выше). В зависимости от наработанного в прошлых инкарнациях опыта и от имеющихся в этой жизни убеждений каждый человек занимает определенное место на лестнице духовного развития.

В различных системах верований известно несколько моделей ступеней духовного развития, но они, как нам представляется, не очень конструктивны. Поэтому автор предлагает свой вариант лестницы духовного развития с четкими признаками нахождения человека на той или иной ступеньке. Этим признаком является **доминирующее** (то есть главное) **отношение человека к тем или иным аспектам жизни**. В своих поступках или интересах он свободно может залезать на любые другие ступеньки, но это для него не главное. Номер его ступеньки все равно зависит только от основной области интересов.

Рассмотрим более подробно, чем характеризуются люди, стоящие на той или иной ступени этой лестницы, общий вид которой приведен на рис. 1.2.

Приведенная там **лестница духовного развития** имеет одиннадцать ступенек вверх и разделена на пять миров. Нет сомнения, что она продолжается вверх и дальше, но это уже мало интересует людей, живущих обычной

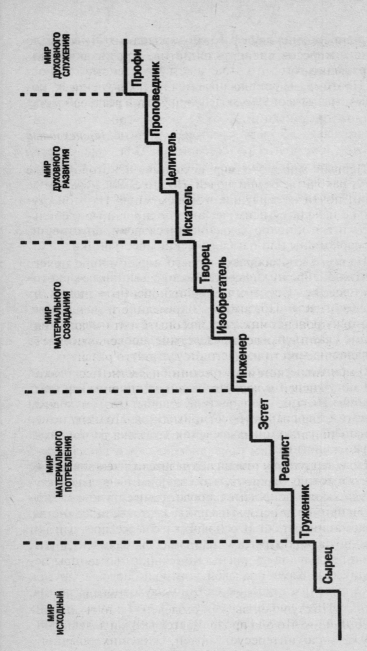

Рис. 1.2. Лестница духовного развития

МИР ДУХОВНОГО СЛУЖЕНИЯ

Профи

Проповедник

МИР ДУХОВНОГО РАЗВИТИЯ

Целитель

Искатель

МИР МАТЕРИАЛЬНОГО СОЗИДАНИЯ

Творец

Изобретатель

Инженер

МИР МАТЕРИАЛЬНОГО ПОТРЕБЛЕНИЯ

Эстет

Реалист

Труженик

МИР ИСХОДНЫЙ

Сырец

жизнью. Возможно, ее можно продолжить и вниз, до уровня животных или растений, но нет никаких подтверждений того, что это существует в действительности. Поэтому мы останавливаемся на тех ступеньках, которые охватывают 99% людей, живущих в реальном мире.

Мир исходный

Первый мир — это **мир исходный**, в котором тоже могут находиться души людей. Но это самые неразвитые души, почти не живущие в нашем мире. На этой ступеньке находятся психически неполноценные (дебильность и т. п.), полностью спившиеся люди, опустившиеся наркоманы или паталогические преступники.

Из всего многообразия нашего мира им либо ничего не нужно, либо нужно совсем мало — выпивка, наркотики, насилие. Собственно к полноценным людям их трудно отнести. Поэтому мы определили их как **Сырец**, заготовку для нормальных людей. Об их идеализациях трудно сказать что-то определенное, поскольку система взглядов на мир у них часто отсутствует.

В принципе, при приложении определенных усилий они могут перейти на более высокие ступеньки и стать людьми. Но это в перспективе. А пока об их духовном развитии говорить особо не приходится. Поэтому номер ступеньки у них определен как нулевой. Ниже стоят только животные.

Если вернуться к теории покровительствующих людям сил, то можно отметить, что стоящим на нулевой ступеньке людям покровительствуют самые низкие эгрегоры. Например, эгрегоры насилия, жестокости, пьянства, наркомании и т. п. В основном сюда же протягивают свои щупальца эгрегоры нацизма, фашизма и других крайних взглядов на жизнь. Конечно, эти эгрегоры периодически берут под свой контроль людей с других, более высоких, ступенек лестницы духовного развития. Но основной контингент (адепты) этих самых низких эгрегоров находится именно на нулевой ступеньке лестницы.

Следующий мир — это **мир материального потребления**, мир нормальных людей. Первую ступеньку в нем занимают люди с минимальным уровнем духовного развития. Мы назвали их Труженики.

1. **Труженики.** Обычно это люди, имеющие начальный уровень образования и занимающиеся тяжелым и низкоквалифицированным трудом. Их мало волнуют богатство или преуспевание, красивые вещи или духовные ценности. Точнее, слегка интересуют, но они понимают, что это не для них. Они заняты тяжелым трудом, который отнимает почти все их время. Поэтому хотя мы и отнесли их к миру материального потребления, но потребляют они мало, трудно и без особого удовольствия (за исключением алкоголя, с помощью которого скрашивают невеселые мысли).

Это не исключает, что они иногда могут купить красивую вещь, сходить в театр или съездить по путевке за границу. Но это экзотика в их жизни, которая слегка пугает их своей необычностью, хотя и оставляет приятные воспоминания. Главное в их жизни — труд, от которого они не получают особого удовольствия. Хотя если труд у них отнять, им нечем будет заниматься в этой жизни.

У этой категории людей наиболее часто встречаются следующие **идеализации:** недовольство начальством, правительством, политиками, уровнем своей материальной обеспеченности.

2. **Реалисты.** Это наиболее многочисленный слой населения нашей страны, его так называемый средний (и высший тоже) класс. Или те, кто всей душой стремится попасть в этот класс. Раньше для характеристики этой части населения использовался термин «обыватель», но после многих лет напряженного строительства социализма, когда жить для себя было стыдно, это слово

получило негативную окраску. Поэтому мы используем более радующий слух термин «реалисты».

Основное отличие группы населения, стоящей на этой ступени духовного развития, состоит в том, что они **уже сегодня хотят жить хорошо.** Хотят есть вкусную пищу, ездить на дорогих машинах, жить в красивых домах. И все. Именно потребление лучших вещей из окружающего мира является для них смыслом жизни.

Плохо ли это? Вовсе нет. Мы уже говорили, что наши души пришли в этот мир попробовать все, что тут есть. Почему же тогда не попробовать пищу, автомобили, дома и прочие блага? Другое дело, что у этих душ, кроме того, могут быть еще какие-нибудь задачи, но под грузом материальных благ их можно не почувствовать.

В эту группу могут входить люди совершенно любых категорий населения — рабочие, крестьяне, чиновники, предприниматели, военнослужащие, пенсионеры и любые другие группы населения. Именно для них строятся огромные магазины с множеством часто бесполезных, но модных и дорогих вещей. Для них выпускаются толстые и красочные журналы, рекламирующие красивую жизнь. Они с удовольствием приобретают все это. Тем и ограничивается их интерес к миру. Они потребляют материальные блага. Работа для них является средством увеличения своего достатка. Если бы было можно, то они перестали бы работать и все время наслаждались бы прелестями жизни. Это самые распространенные представители мира материального потребления.

У этой группы населения наиболее часто встречаются следующие **идеализации:** денег и уровня материальной обеспеченности, общественного мнения, благополучной судьбы, семейной жизни.

3. **Эстеты.** Это тоже категория потребителей, но потребителей изысканных. Из всего разнообразия материального мира они выбрали самые тонкие и деликатные продукты. Это театр, музыка, живопись, поэзия и другие подобные продукты творческого труда. Люди, стоящие на этой ступеньке духовного развития, сами не создают

ничего нового. Но они могут быть завзятыми театралами и знать все особенности игры разных актеров. Если они любят живопись, то неплохо разбираются в ней, посещают все выставки и вернисажи. Если любят музыку, то классическую, причем в исполнении профессионалов высокого уровня.

Люди этой ступени развития тоже с удовольствием потребляют красивые и дорогие вещи или ездят в путешествия. Но если перед ними встанет выбор, на что потратить имеющуюся ограниченную сумму денег: на билет в театр или на новые ботинки, то они без колебаний выберут билет.

Люди этого уровня развития обычно имеют высшее образование и работают служащими в государственных и частных организациях, имея не очень высокий уровень доходов. Большие деньги для них не так важны, как для людей со второй ступени развития. Часто для них важнее иметь возможность получать свои духовные деликатесы или свободное время, чем высокий заработок.

К сожалению, понимание музыки Вагнера или поэзии Ахматовой иногда вызывает у них чувство превосходства и даже презрения по отношению ко всем остальным людям, не понимающим таких творений человеческого гения. Соответственно **типичными идеализациями** для этих людей бывают: идеализация способностей, уровня развития или образования, духовности.

Рассмотренные три ступени являются начальными и объединяют людей, относящимся к **миру материального потребления**. Они являются профессиональными потребителями материальных благ, имеющихся в этом мире. И хотя потребляют они совсем разные продукты человеческого труда и делают это с разной степенью удовольствия, **их основной (доминирующей) целью не является собственное развитие или создание чего-то нового в этом мире**. Работа является средством добывания денег, на которые можно приобрести материальные блага. Если бы у них было очень много денег, они превратили бы свою жизнь в сплошной праздник, праздник потребления.

Люди этого мира составляют не менее 50% всех людей. Соответственно им покровительствуют самые мощные эгрегоры низкого и среднего уровня — эгрегоры денег, материального благополучия, семьи, политики, спорта, увлечений и т. п.

Мир материального созидания

Следующий мир — это **мир материального созидания**. К этому миру относятся люди, **главной жизненной целью которых является созидание чего-то.**

На первой ступеньке этого мира (и четвертой ступеньке всей лестницы) находятся Инженеры.

4. Инженеры. Название это, конечно, условное. Сюда относятся люди любых специальностей — инженеры, врачи, журналисты, предприниматели, управленцы, педагоги, политики и т. д. Единственное, что объединяет людей этого уровня развития,— это то, что они видят смысл своей жизни в работе. Это те, кого называют **трудоголиками**. Они не создают новых теорий и не придумывают новых методов лечения. Просто они с упоением занимаются любимым делом, будь это работа на компьютере или выпечка хлеба.

Этим делом может быть оплачиваемая работа, а может быть какое-то увлечение (которое не удалось превратить в оплачиваемую работу). К последним относятся радиолюбители, строители различных яхт и самолетов по готовым чертежам и т. п.

Они тоже с удовольствием покупают красивые вещи и иногда ходят в театр. А если позволяют средства, то они могут съездить в дальнее путешествие или купить дачу. Но если вы предложите им перейти на более высокооплачиваемую, но неинтересную работу, они с негодованием отвергнут ваше предложение. Занятие любимым делом для них важнее всего остального.

Такое отношение к жизни не могло не сказаться на отношении к миру. Соответственно у людей этой ступени развития мы можем выделить следующие **типичные**

идеализации: уровня профессионального мастерства (развития), карьеры, достижения цели, планирования и контроля окружающего мира, способностей.

5. Изобретатели. Люди со следующей ступеньки лестницы духовного развития получили название «изобретатели». Название, конечно, тоже условное. Но оно отражает такую особенность их отношения к жизни, как **непрерывное стремление создать что-то новое, что улучшит функционирование нашего материального мира.** Это самые разные изобретатели новых машин или лекарств, вечных двигателей или моделей одежды, тренажеров или компьютерных программ и т. д. Их всех объединяет увлеченность созданием чего-то нового, материального, очень важного для развития человечества.

Люди с этой ступени могут быть учеными или творчески мыслящими рабочими, инженерами или предпринимателями, врачами или архитекторами.

К сожалению, человечество очень слабо реагирует на их попытки его (то есть человечество) улучшить. Изобретатели и ученые с огромным трудом находят поддержку своим идеям и проектам. Соответственно у них возникают следующие **типичные идеализации**: своих способностей, достижения цели, осуждения человеческой глупости, обиды на жизнь, недоверия к людям.

Еще одна группа людей, стоящих на шестой ступеньке лестницы духовного развития, получила условное название «Созидатели».

6. Созидатели. Люди этого уровня развития тоже создают что-то новое. Но новое не в мире техники или других материальных объектов.

Они **создают новое в мире идей, знаний, систем развития, обучения, лечения, питания, экономики, философии и т. д.** То есть это творцы в так называемой гуманитарной области знаний, где результаты не воплощаются в конкретные предметы материального мира, а описываются словами.

Как нам представляется, сюда же относятся люди, создающие новое в мире чувств и эмоций. Посредством искусства они культивируют тонкости человеческой души. Плоды их труда — это картины или скульптуры, музыка или художественные фильмы, стихи или проза.

Люди этой ступени могут иногда пользоваться терминами или понятиями следующего мира, такими, как Бог, ноосфера, Космос и т. д. Но часто это экзотика или дань моде, поскольку в душе они остаются материалистами и воспринимают окружающий мир только в том виде, который можно потрогать руками или хотя бы увидеть глазами.

Люди этого уровня развития не могут жить без созидания, невзирая на уровень материальной обеспеченности, количество поклонников или хотя бы понимающих их творения людей. Их кредо: не могу не творить. Соответственно для них **типичными идеализациями** являются: способности, слава, почет, презрение к людям, осуждение человеческой глупости.

На этом заканчиваются ступени, относящиеся к сфере **созидания в материальном мире.**

Людям, стоящим на этих трех ступеньках, покровительствуют довольно высокие эгрегоры профессиональной деятельности, науки, творчества, искусства и т. п. Это не значит, что среди этих людей нет поклонников эгрегора денег или материального благополучия. Конечно, есть, но это не основные Высокие покровители людей мира материального созидания. Главными покровителями для них все-таки будут более высокие эгрегоры, перечисленные выше.

Здесь мы хотим попросить прощения у людей творческих, поскольку предложенная классификация не относит труд художников, музыкантов и поэтов к духовным видам деятельности, хотя часто принято считать иначе. Как нам представляется, даже самая талантливая музыка и поэзия относятся к земному миру, поскольку отражают существующие в этом мире мысли и эмоции. Пусть даже выраженные самым изысканным способом.

К духовному миру мы относим любые продукты человеческой деятельности, связанные с познанием или использованием знаний о Боге или любой другой форме Непроявленного мира. То есть того мира, который нельзя пощупать руками, увидеть, нарисовать, записать нотами или услышать даже при использовании самых совершенных приборов.

Первую ступеньку в этом **мире духовного развития** занимают Искатели.

7. Искатели. За последние несколько лет резко выросло количество людей, стоящих на этой ступени лестницы духовного развития. Эти люди в большинстве своем имеют высшее образование, гуманитарное или техническое. И хотя работают и живут они в материальном мире и потребляют объекты этого мира, приобретение или созидание материальных благ само по себе не является для них смыслом жизни. Эпизодически они могут сходить на концерт, в театр или музей, но делают это от случая к случаю и не придают подобным мероприятиям большого значения. Просто они не являются ценителями и знатоками произведений искусства. Зато эти люди с упоением потребляют любую информацию из области религии, существования Высших сил, жизни на Тонких планах или в Непроявленном мире. Им интересны вопросы эзотерики, духовного развития человека, биоэнергетики, парапсихологии, методики развития нетрадиционных способностей типа экстрасенсорики, гипноза, целительства, ясновидения и других. Они могут интересоваться самыми различными техниками, начиная от йоги и медитации и заканчивая магией.

Искатели активно ходят на различные лекции, семинары, тренинги, читают книги и журналы, посещают астрологов и гадалок, целителей и ясновидящих. Среди Искателей есть вполне продвинутые люди, то есть те, которые глубоко интересуются какой-нибудь одной системой знаний, например, рейки. А есть и те, кто потребляет без разбора любую информацию из области непознанного, таинственного. Их интересует все.

Искатели не создают ничего нового в области духовного развития человека. Они не пишут книг, не создают своих методик, не занимаются целительством. Зато они являются основными потребителями эзотерических знаний. Они ищут то, что будет отвечать внутренним потребностям их души. Именно для них пишутся книги, составляются гороскопы, проводятся лекции и семинары. Можно сказать, что **они занимаются духовным саморазвитием.** Некоторые из Искателей уже почти оторвались от материального мира — у них нет денег, часто нет жилья, семьи и т. д. Но это их не очень тревожит.

Среди Искателей наиболее часто встречаются следующие **идеализации:** способностей и уровня развития, духовных ценностей, гордыни, презрения к материальным ценностям.

Люди со следующей ступеньки лестницы духовного развития получили название Целители.

8. Целители. На эту ступеньку попадают те Искатели, которые в результате долгих поисков **нашли или развили в себе что-то такое, чем они хотели бы поделиться с другими людьми.** Это может быть йога или рейки, биоэнергетика или кармическая медицина, космическая философия или восточная гимнастика. Овладев какой-то методикой, эти люди стремятся приобщить к ней других людей. Часто это делается бескорыстно, а иногда и за деньги. Большинство Целителей зарабатывает средства на свое существование работой в государственном или частном предприятии. Но не все. Многие пытаются зарабатывать на жизнь с помощью своих способностей или умений, но из-за слабых способностей к менеджменту далеко не у всех это получается.

Эти люди уже полностью погружены в духовный мир, а материальный мир с его проблемами денег, жилья, прописки и т. д. часто является досадной помехой на пути их духовного развития. Хотя некоторые из них с удовольствием покупают себе хорошие вещи, комфортабельное жилье, путешествуют за границу. Но это только самые преуспевающие, то есть те, кто не презирает материальный мир, а дружит с ним. Но хотя они дружат с миром материальным, мир духовный для них важнее. И если им предложить за любые деньги отказаться от того, чем они занимаются, они откажутся от денег.

Соответственно среди этой категории людей распространены следующие **идеализации:** способностей, духовности, осуждения других людей (их глупости), материального мира (обычно осуждение).

Следующую ступеньку лестницы духовного развития занимают Проповедники.

9. Проповедники. Сюда относятся люди, сумевшие не только освоить какой-то объем духовных или эзотерических знаний, но и создать что-то свое, совсем новое, в этой области. Это основоположники различных новых духовных или целительских школ. В нашей стране есть немало таких людей. Это С. Лазарев, В. Жикаренцев, М. Лежепеков и многие другие. Некоторые из них написали нужные и полезные книги, в которых изложили свою систему взглядов на мир. Другие не обладают литературным даром и излагают свои взгляды на жизнь устно или с помощью демонстрации наработанных ими умений. Обычно эти люди давно уже живут в духовном мире и там же получают средства для существования. Точнее, деньги они получают во вполне реальном мире, но за духовные, целительские или подобные услуги. Но они не чураются реального мира. Они взаимодействуют с ним, помогают людям решать их проблемы. Сфера применения их интересов и способностей находится именно в реальном, а не в Тонком, мире.

Таких людей совсем немного. В нашей стране их можно насчитать несколько десятков, во всем мире — несколько сотен. Им тоже могут быть присущи некоторые **идеализации**: духовности, способностей, славы, почитания, гордыни.

Людям мира духовного развития покровительствуют достаточно высокие эгрегоры духовного развития, способностей, милосердия и т. п.

Мир духовного служения

На этом заканчивается **мир духовного развития** и начинается **мир духовного служения.** К этому миру относятся люди, которые почти порвали связь с реальным миром. Они живут исключительно интересами Высших сил, заняты служением им или собственным развитием. Это Профессионалы духовного мира — священники, монахи, отшельники, пророки и т. д. Мы не стали заниматься разнесением их на различные ступени потому, что нам плохо известны их доминирующие интересы. Их доминанта — отсутствие любых интересов к земному и служение Высшему. Поэтому десятую ступеньку мы обозначили как **Профессионалы**, имея в виду профессионалов служения Высшим силам. Этих ступенек, естественно, несколько, и они уходят вверх до бесконечности. Так что нашей душе есть куда карабкаться. Но это будет не очень скоро, так что дальше вверх мы не пойдем.

Людям этого мира покровительствуют самые высокие представители Тонкого мира, в том числе религиозные эгрегоры.

Зачем нам лестница?

Для чего нам понадобилось строить очередную «лестницу в небо»? Видимо, чтобы каждый человек мог определить, на какой ступеньке находится он сам. И на какой ступеньке находится его супруг или супруга, отец или мать, брат или сестра и т. д. И если вы видите, что ваши души комфортно чувствуют себя на разных ступеньках, так стоит ли обижаться друг на друга? Вы стоите на шестой ступеньке и увлечены созданием новой психологии, а ваш муж (или жена) полностью погружены в материальный мир, чувствуют себя там комфортно и с недоумением и осуждением взирают на ваши творческие муки. Нужно ли им обижаться друг на друга? Если вспомнить схему «сосуда кармы», то обижаться нельзя ни на что. Тем более на случай, когда судьба свела в одну семью людей с разных ступенек лестницы развития. Скорее всего, это есть одно из испытаний, которое наша душа должна пройти в этой жизни. Испытание состоит в том, сумеете ли вы принять и понять человека с другой ступеньки лестницы. Мы не говорим, что вы обязаны жить с ним вместе, при большом взаимном непонимании это вовсе необязательно. Но даже если вы разойдетесь, то это должно произойти без осуждений и претензий.

Почему именно эта ступенька?

Почему наша душа оказывается на той или иной ступеньке лестницы духовного развития? Скорее всего, это определяется тем **опытом, который накопила наша душа в прошлых жизнях**. И одновременно тем, сколько этих самых жизней у нас было. Чем выше ступенька, тем больший опыт мы имеем. Сколько в действительности у человека было этих самых инкарнаций, вряд ли кто-нибудь может сказать точно. Одни авторы утверждают, что их бывает всего девять. Другие называют цифру в несколько сотен и даже десятков тысяч. Последний вариант, скорее всего, явный перебор. Если двадцать тысяч жизней умножить на шестьдесят лет (средний возраст жизни), то получим миллион двести тысяч лет непрерывной жизни. За такой срок явно можно было чему-то научиться и не искать истину в этой или подобных книжках. Сколько-то мы жили, это явно. А вот сколько, это вопрос.

Но положение на лестнице определяется не только количеством рождений, но и **сознательным поведением человека в каждой из жизней**. У нас довольно большая свобода выбора, и под действием обстоятельств окружающей жизни человек может или подниматься, или спускаться по лестнице духовного развития. Например, в известной притче ученик обратился к философу Сократу с вопросом, нужно ли ему жениться. На что Сократ ответил: «Конечно, женись. Если жена попадется хорошая, будешь жить счастливо. А если плохая — станешь философом».

Как видите, в этой древней мудрости показан один из механизмов вынужденного движения по лестнице духовного развития. Если попадется хорошая жена, то вы в удовольствии проведете жизнь на второй или третьей ступеньке. А если попадется плохая, то вам нужно будет или спиться (первая или нулевая ступенька), или подняться на шестую или седьмую ступеньку. И все это за одну жизнь.

Опыт последовательного подъема

Бывает ли так в реальности? Опыт автора настоящей книги говорит о том, что бывает. Он сам после окончания вуза пришел работать на производство, что делал с достаточно большим увлечением (четвертая ступенька). Вскоре он начал делать изобретения и подавать рационализаторские предложения, через три года поступил в аспирантуру (пятая ступенька). После защиты диссертации он ушел в образование и начал заниматься развитием творческих способностей детей. Была разработана и использовалась оригинальная технология детских интеллектуально-тренинговых игр (шестая ступенька). Одновременно автор начал усиленно интересоваться эзотерикой, стал посещать различные лекции и семинары, благо перестройка выпустила все это из подполья. Интерес к педагогике прошел, но пришел интерес к Непроявленному миру (седьмая ступенька). И так далее. То есть в течение одной жизни человек может **последовательно** пройти несколько ступенек по лестнице духовного развития.

Как скакать через ступеньки?

Выше мы рассмотрели пример **последовательного движения** по лестнице духовного развития. А можно ли

перескакивать сразу через несколько ступенек? Скорее всего, можно, но тут существуют разные варианты.

В одном случае человек сам начинает чувствовать неудовлетворенность существующим образом жизни и начинает искать что-то новое. Многих привлекает эзотерика или религия своей необычностью и потенциальными возможностями, но далеко не все могут решиться отказаться от комфортного существования на своей ступеньке и рискнуть полностью перейти в другой мир. Однако бывает и такое. Этими людьми движут очень сильное желание изменить свою жизнь и неудовлетворенность тем положением, которое они ранее занимали в жизни.

Второй вариант — когда в силу обстоятельств человек с третьей-четвертой ступеньки оказался в зоне влияния человека с восьмой-девятой (или выше). Конечно, более развитый человек привлекает своей увлеченностью и необычностью взглядов на жизнь. Он может увлечь за собой (или даже попробовать принудительно втянуть) на свою или близкую ступеньку. Например, помочь достичь просветления или сформировать свою систему взглядов на мир.

Такой ход может как сработать, так и дать сбой. Известны случаи, когда человек из мира материального потребления (или созидания) увлекается и переключается на более высокую ступеньку мира духовного развития. А затем, испугавшись чего-то, скатывается обратно. Но внизу ему уже дискомфортно, все скучно и пресно. Так что, прежде чем увлечься эзотерикой, нужно хорошо подумать, готовы ли вы к этому.

Как насчет двух ступенек?

Еще один вопрос — можно ли стоять на нескольких ступеньках сразу? Как нам представляется, это довольно сложно. Скорее всего, даже невозможно. Известный астролог и эзотерик Авессалом Подводный высказал такую мысль: «Если одной ногой идешь по жизненному пути, а другой — по духовному, то быстро сядешь в шпагат».

Как видите, если стоять одновременно на двух ступеньках, особенно далеко отстоящих одна от другой, то не миновать шпагата. А долго ли человек может пробыть в этом состоянии? Минут двадцать, не больше.

Можно ли надолго зависнуть между ступеньками? Наши наблюдения показывают, что ничего хорошего в итоге не получается. Если пытаться заниматься духовным ростом и одновременно пробовать преуспевать в бизнесе, то неминуемо возникнет противоречие. Бизнес требует жесткости и отстаивания своих интересов, часто в ущерб другим людям. В любом бизнесе существует конкуренция, и бизнесмен просто обязан в первую очередь думать о себе, о процветании своего дела, о получении максимальных доходов.

А человек, находящийся в процессе духовного роста, думает прежде всего о благополучии других людей. Если предприниматель станет думать о благополучии других, то он, скорее всего, быстро разорится. Поэтому лучше полностью сосредоточиться на бизнесе и заниматься духовным развитием в свободное время. Или сосредоточиться на духовном развитии, но позволить себе не стремиться к получению больших доходов. Иначе не будет доходов, и возникшее недовольство ситуацией станет барьером на пути духовного развития.

Конечно, есть люди, умеющие сочетать бизнес с духовностью. Но это искусство, доступное далеко не каждому. Скорее всего, это люди, души которых имеют большое количество инкарнаций и которым позволено иметь много денег в качестве очередного испытания. Испытание деньгами — тяжелое испытание, и его выдерживают совсем не многие.

На этом мы заканчиваем описание лестницы духовного развития и просим наших читателей определить, на какой ступеньке находятся они, а на какой — их родственники и знакомые. Понимание этого может помочь вам снять неосознанное осуждение или обиду на своих близких и знакомых за то, что они не разделяют вашу систему взглядов на мир. Что делать — они стоят на другой ступеньке. Такова их судьба, и этому можно только посочувствовать или позавидовать. Но вам никогда не удастся принудительно изменить другого человека, пока он сам этого не захочет. «Насильно в рай никого не затащишь» — говорит старая мудрость. Мы можем только подтвердить эту истину.

Где лучше находиться?

Действительно, что лучше: находиться на второй или на пятой (шестой ... девятой) ступеньке лестницы духовного развития?

Нам представляется, что хорошо везде. То есть если вы обнаружили, что твердо стоите, например, на первой или второй ступеньке, не следует огорчаться и осуждать себя. Как, впрочем, и гордиться. Потому что нахождение даже на самых нижних ступеньках будет свидетельствовать всего лишь о том потенциале, который накопила ваша душа в ходе реинкарнаций. И вам есть куда расти. Поэтому в следующей инкарнации вы обязательно попадете на более высокую ступеньку. Если, конечно, не переполните свой «сосуд кармы».

Так что вы можете спокойно жить и довольствоваться тем уровнем, который заработала ваша душа. Или можете постепенно двигаться вверх по лестнице духовного развития (желательно — вверх).

А мы пока перейдем к подведению итогов.

ИТОГИ

1. Проблемы в семьях часто возникают из-за того, что люди имеют разный уровень духовного развития.

2. Люди, которые живут обычной жизнью, могут находиться на одной из десяти ступенек лестницы духовного развития.

3. Все ступеньки лестницы духовного развития относятся к одному из пяти миров — миру исходному, миру материального потребления, миру материального созида-

ния, миру духовного развития и миру духовного служения. К последнему миру относятся люди, полностью посвятившие себя религиозному или иному духовному служению и отказавшиеся от благ мира материального.

4. Определение своего места на лестнице духовного развития и места своих знакомых и родственников поможет легче понимать мотивы их поведения и принимать их такими, какие они есть.

1.3. СПОСОБЫ КАРМИЧЕСКОГО «ВОСПИТАНИЯ»

В этом параграфе мы хотели бы рассказать о том, какие способы использует Природа (или наш «смотритель»), чтобы вразумить наши заблудшие души.

Если вы помните, степень наших заблуждений можно определить по уровню заполнения «сосуда кармы». Там же мы рассказали, что наш «смотритель» применяет самые разные способы, чтобы доказать нам ошибочность наших убеждений. На сегодня нам известны пять способов, которые Природа применяет для нашего «воспитания». Рассмотрим эти способы более подробно.

1. «Воспитание» путем прямого столкновения с другим человеком, имеющим противоположную систему ценностей.

Подобная процедура кармического «воспитания» достаточно подробно была рассмотрена в предыдущей книге. Например, такое «воспитание» активно ведется в семье, где супруги обычно имеют противоположные системы ценностей и поэтому являются «кармическими таблетками» друг для друга. Если у родителей имеются идеализации в отношении детей, то последние будут просто вынуждены разрушать эти убеждения. Деловые партнеры разрушают системы ценностей друг друга и тем самым осуществляют «воспитательный» процесс. Начальники «воспитывают» подчиненных, подчиненные — начальников и т. д.

В следующей главе мы будем подробно рассматривать конкретные примеры подобных «воспитательных» процессов.

2. Следующий способ «воспитания» — **путем постановки человека в ситуацию, в которой разрушается или унижается его система ошибочных убеждений.**

Здесь уже трудно выявить, какой именно человек осуществляет «воспитательный процесс». Скорее всего, их множество, и все вместе они неосознанно создают ситуацию, в которой разрушается система ценностей человека. Например, идеализирующий деньги человек остается без них, и часто невозможно определить, почему именно возникла подобная ситуация. Он может стать частью коллектива разорившейся фирмы или его личный бизнес рухнет под бременем налогов или повысившейся арендной платы. Что-то произойдет, но конкретного виновника нет.

Зачем же нужно отбирать деньги у человека, их идеализирующего? В чем состоит суть «воспитательного» процесса? Как нам представляется, в том, что человеку на примере доказывается, что в любой момент времени он живет в раю, а его недовольство своим положением является типичным ошибочным убеждением. Не верите? Давайте посмотрим, каким образом Природа доказывает нам это.

Допустим, вы зарабатываете одну тысячу рублей в месяц, и вы недовольны своей жизнью. Да и чем быть довольным — другие-то зарабатывают по две, три, а то и по сто тысяч. А почему мне нельзя?

В принципе, конечно, можно. Но для этого нужно не обижаться на жизнь, а искать реальные пути к увеличению своих доходов. Но вот если вы предпочли путь обид и осуждений других, то жизнь в порядке «воспитания» сделает так, что вы станете зарабатывать только сто рублей.

Получая сто рублей, вы все равно будете жить, но прежняя тысяча уже может представляться очень даже заманчивым доходом. Если вы не примите новой ситуации как урока и не попросите Бога простить вас за осуждения и обиды, то «воспитательный» процесс может продолжиться. У вас отберут и эти сто рублей, а взамен вы получите полную нищету и легкий паралич (или подобное заболевание). И вот теперь, лежа на «утке», вам будет предложено вспомнить прежнюю жизнь, когда вы получали тысячу рублей, были здоровы и могли найти работу с желаемой оплатой. Это был практически рай по сравнению с нынешней ситуацией, не так ли? Ну а если вы жили в раю, то почему вы обижались на жизнь?

Если в этом новом, совсем тяжелом положении, человек сумеет осознать ошибочность своих убеждений и попросит прощения за свои обиды и осуждения, то ему будет позволено вернуться в прежнее состояние (с тысячей рублей в месяц). Если человек будет благодарен за это, то он может получить значительно больше — практически столько, сколько он сможет принять без возникновения новых идеализаций.

Именно так происходит кармическое «воспитание» за идеализацию денег (точнее, за недовольство количеством получаемых денег). Воспитание проходит очень огорчительно и больно, на взгляд «воспитуемого». И очень правильно, на взгляд «воспитателей».

Примерно так же происходит «воспитание» людей, идеализирующих власть, цели, карьеру, контроль окружающего мира и т. д. «Воспитание» происходит через создание таких ситуаций в окружающем мире, когда ваши ценности оказываются разрушенными и вам на деле доказывается, что ваше отношение к жизни было ошибочным.

3. Следующий способ «воспитания» — **путем постановки человека в ситуацию, в которой он сам вынужден совершать те поступки, за которые он ранее осуждал или презирал других людей.**

Так бывает, когда вы осуждаете какого-то человека за глупость, неделовитость, недисциплинированность и другие нарушения норм морали, правил поведения в обществе или иные правила поведения, значимые для вас.

Вспомните, не было ли в вашей жизни случая, когда вы были недовольны и критиковали вслух поведение другого человека. Например, за его опоздание на важную встречу или за несоответствующую случаю одежду. И не было ли несколько позже ситуации, когда вы по не зависящим от вас обстоятельствам сами опаздывали на важную встречу или не могли одеться соответственно ситуации. Наверняка так бывало, но вы не связывали эти случаи между собой. Тем более что они могли быть разделены сроком от нескольких дней до нескольких месяцев (или даже лет). И обстоятельства, при которых вы нарушили свои же принципы, не зависели от вас. Так вам это кажется. Но мы хотели бы вас уверить, что такие обстоятельства были созданы именно для того, чтобы вы оказались в ситуации того человека, которого вы осуждали. То есть вы сами сформировали это событие, не подозревая об этом.

Поэтому если вы оказались в ситуации, доставляющей вам большой дискомфорт из-за нарушения вами ваших же принципов и норм поведения, то **попробуйте понять, за что вам дана эта ситуация**. Вспомните, когда и кого вы осуждали за подобное поведение. Если вы это вспомните и мысленно попросите прощения за свои осуждения, то Природе больше не нужно будет ставить вас в эту ситуацию.

А если вы не вспомните и посчитаете все случайностью (то есть не снимете осуждения), то она может регулярно повторяться долгие годы. Вы будете все время опаздывать на важные встречи и негодовать на себя за это. Или будете постоянно одеты неподходящим образом в ответственных ситуациях. Или что-то еще, что будет доставлять вам дискомфорт и основания для осуждения самого себя.

Но это мы рассмотрели самый легкий вариант применения этого способа кармического «воспитания». В реальности он используется довольно часто, и иногда в очень **неприятной форме конфликтных взаимоотношений детей и родителей**. Как это бывает?

Допустим, ваше детство было отравлено не очень благостным поведением родителей — они часто скандалили и изредка даже дрались между собой. В результате у вас в душе затаилась обида на родителей. Для себя вы решаете, что в вашей семье такого никогда не будет. Вы их осуждаете. Значит, когда вы станете взрослым и создадите свою семью, **жизнь заставит вас занять позицию ваших родителей**. Вы можете стать беспричинно раздражительным и устраивать скандалы по поводу или без него. А если вы будете пытаться сохранить в силе данное себе в детстве обещание и не будете скандалить, то все окружающие люди будут провоцировать вас на это. Муж (или жена) будет закатывать истерики, дети, родственники или соседи будут вести себя самым гнусным образом, провоцируя вас немного поскандалить и занять ту позицию, которую вы в душе осуждаете. И так будет продолжаться до тех пор, пока вы не снимете осуждение родителей и у ваших «воспитателей» не исчезнет необходимость применять к вам такие неприятные меры.

4. Еще один способ «воспитания» — **путем создания ситуации, в которой реализуются те ошибочные убеждения, которые существуют в вас на подсознательном** (эмоциональном или ментальном) **уровне.**

Например, у вас в жизни как-то был случай, когда вы получили большую сумму денег и после этого у вас возникли большие неприятности. От неприятностей вы избавились, но у вас в памяти осталась программа «большие деньги — неприятности (или опасность)». Теперь она будет работать независимо от вашего желания или сознательного отношения к жизни. Вы можете сознательно стремиться к большим деньгам, но ситуация будет складываться так, что больших денег у вас не будет. Вы можете негодовать или прикладывать огромные усилия для достижения успеха, но ничего не получится. Ваша же собственная подсознательная программа будет формировать события таким образом, чтобы не доставить вам неприятностей.

Возможно, эти рассуждения покажутся вам излишне сложными. Но это совсем не так. Если вам знакомы современные системы программирования успеха в бизнесе, то вы знаете, что одним из самых важных условий успеха является ход ваших мыслей. Вы должны пустить деньги в себя, вы не должны бояться или осуждать их. То есть вы не должны иметь программы опасения или презрения денег даже на подсознательном уровне. О чем мы вам и пытаемся растолковать, но уже с позиции Общей теории кармических взаимодействий.

Мы привели пример с деньгами, но такая программа может сидеть в нашем подсознании по любому поводу. Вы полюбили в юности блондинку, и вас за это жестоко избили. Теперь вам снова встретилась блондинка, она вам нравится, но ничего с ней не получается, хотя объективных оснований для возникновения проблем нет.

Собственно, все происходит в соответствии с первым основным принципом Методики формирования событий. Если помните, он звучит следующим образом: **вы сами формируете все события своей жизни.** Здесь этот принцип реализуется в полной мере. Другое дело, что вы сами формируете негативные события своей жизни. Но это уже виноват не принцип, а вы сами, — какие программы держите в голове, то и получаете.

Как нам представляется, такие подпрограммы могут сидеть в нашем подсознании по любому вопросу. Их очень сложно вытащить на свет, поскольку мы уже давно забыли о ситуации, в результате которой она возникла. **И вычислить ее можно только по периодически возникающей проблеме, не имеющей никаких других разумных объяснений.** Или если вспомнить, какие сложные ситуации возникали раньше в вашей жизни и какие выводы (точнее, бессознательные программы) могли из нее появиться.

Таким образом, одним из источников появления негативных подпрограмм в нашем подсознании может быть наш собственный негативный опыт.

Это один, но далеко не единственный источник. Другой очень распространенный источник негативных подпрограмм — это **воспитание в детском возрасте**. Многие родители, руководствуясь своими представлениями о воспитании, активно награждают своих детей обращениями типа «тупица, неумеха, лентяй, лодырь, у тебя руки растут не из того места» и другими подобными. Поскольку мнение родителей очень значимо для детей, эти оценки легко записываются в их подсознание и оказывают влияние на всю дальнейшую жизнь. В итоге из самого энергичного ребенка может вырасти вечно сомневающийся и неуверенный в себе взрослый.

Фактически таким образом **идет психическое нападение на детей со стороны родителей.** По-иному это называется порча.

Поскольку нападение идет на ментальном уровне, его очень сложно вытеснить или перепрограммировать во взрослом возрасте. Здесь не помогут никакие целители, работающие на уровне эфирного, и даже эмоционального, тела. Помогают только специальные приемы изменения ментальных убеждений.

К счастью, негативные программы не всегда срабатывают. Но нам приходилось встречать множество людей, жизнь которых была испорчена такими программами, которые делали их избыточно мнительными, замкнутыми, скрытными, нерешительными. Как вы понимаете, такие качества личности совсем не способствуют процветанию человека в нашем обществе. Выводы делайте сами.

Наверное, можно найти еще несколько источников негативных подпрограмм в нашем подсознании. И все они работают на создание проблем в нашей жизни.

5. Пятый, наиболее распространенный, способ «воспитания» — **путем инициации болезней, разрушающих ошибочные убеждения человека.**

Этот способ кармического «воспитания» используется, когда нашему «смотрителю» не удается использовать предыдущие четыре способа (например, когда вы осуждаете самого себя) или когда вы не реагируете на разрушение ваших ошибочных убеждений во внешнем (относительно вас) мире.

Кармические заболевания — это болезнь души (или духа, если использовать христианское триединство тела, души и духа человека). Они встречаются не очень часто, но обычно плохо диагностируются и плохо поддаются излечению.

На этом мы заканчиваем рассмотрение способов кармического «воспитания».

Скорость предъявления «воспитательных» процедур

Но остается еще один вопрос: как скоро наш «смотритель» предъявляет нам «воспитательную» процедуру после возникновения ошибочного убеждения?

Как нам представляется, это зависит от уровня заполнения вашего «сосуда кармы». Если в нем процентов 25—35, то «воспитание» начнется через день-два после появления вашей идеализации. Например, именно так происходит с автором настоящей книги.

Другое дело, если у вас в сосуде процентов 70. Вас уже давно и безуспешно «воспитывают», а вы не обращаете на это внимание. Значит, особой необходимости спешить с очередным «воспитательным» мероприятием нет. Вы еще не поняли предыдущего урока, значит, не поймете и следующего. Зачем спешить, если вы так бестолковы? Мероприятие не отменяется, но откладывается на месяц—год—десятилетие. Так что будьте уверены: на вашем счету все записано и рано или поздно будет предъявлено к оплате. Но вот когда, зависит от вас же, от вашей способности усваивать преподанные уроки.

На этом мы заканчиваем рассмотрение процедур нашего огорчительного «воспитания» и начинаем подводить итоги.

1. Природа использует пять способов разрушения наших ошибочных убеждений.

2. Каждый из способов применяется в зависимости от разновидности ошибочного убеждения.

3. Скорость предъявления «воспитательных» воздействий зависит от вашей способности реагировать на них, то есть от заполненности вашего «сосуда кармы».

1.4. ОБЩАЯ ТЕОРИЯ КАРМИЧЕСКИХ ВЗАИМОДЕЙСТВИЙ

В этом параграфе мы продолжим формулирование некоторых выводов, которые вытекают из материалов рассмотренной главы.

Кармическое «воспитание» души человека, идеализирующего какие-то земные ценности или имеющего ошибочные убеждения, производится следующими **пятью способами:**

1. Путем прямого столкновения с человеком, имеющим противоположную систему ценностей.

2. Путем постановки человека в ситуацию, в которой разрушается или унижается его система ошибочных убеждений.

3. Путем постановки человека в ситуацию, в которой он сам вынужден совершать те поступки, которые он ранее осуждал или презирал.

4. Путем создания ситуации, в которой реализуются те ошибочные убеждения, которые существуют в нем на подсознательном (эмоциональном или ментальном) уровне.

5. Путем инициирования болезней, разрушающих ошибочные убеждения человека.

2. КАК НАС «ВОСПИТЫВАЮТ»

В этой главе книги мы рассмотрим несколько **типовых проблем** в жизни людей — проблем типа одиночества, ухода или пьянства мужа, развала бизнеса или хронического отсутствия денег и подобных. Мы выявим соответствующие им наборы идеализаций, которые могли привести к этим нерадостным событиям. Материал этой главы наработан автором в ходе проведения семинаров и индивидуальных консультаций.

В главе приводятся примеры из жизни вполне реальных людей. Но во избежание узнавания конкретных людей нами изменены имена, места происхождения событий и некоторые другие обстоятельства. Тем не менее остаются понятными отношение людей к жизни и вытекающие из этого идеализации.

При рассмотрении примеров автор не рассказывает, какие конкретно рекомендации по выходу из-под «воспитательного» воздействия он дал людям. Часто они были достаточно индивидуальны. О том, что являлось общим в этих рекомендациях, будет рассказано в следующей главе этой книги.

Итак, первая типовая проблема — дети и родители, независимо от возраста тех и других. Мы будем рассматривать проблемы взрослых детей и более чем взрослых их родителей.

2.1. ПРОБЛЕМЫ ВО ВЗАИМООТНОШЕНИЯХ С РОДИТЕЛЯМИ

Такие проблемы имеются почти во всех семьях, но где-то они не очень остры и их можно пережить. А в других случаях близкие родственники обижаются и не разговаривают друг с другом месяцами, часто даже проживая в одной квартире. Это очень дискомфортная ситуация, которая сильно отравляет жизнь и постепенно приводит к заболеваниям. Что же лежит в основе таких конфликтов? Чаще всего — это **идеализация людей** и, в частности, своих родителей.

Какими должны быть родители

Каждый из нас представляет себе, какими должны быть его мать или отец. Чаще всего это модели добрых, внимательных и деликатных людей. Вряд ли кто-нибудь мечтает о пьющем отце или вечно скандалящей матери. А вот в жизни идеалы встречаются, к сожалению, не так уж часто.

Соответственно если мы прощаем своих родителей и позволяем им быть такими, как их создал Бог, то наши взаимоотношения могут быть вполне благополучными. А вот если наша модель идеальных родителей значима для нас и мы начинаем осуждать и переделывать своих родных, то добром это не кончается. Они **просто вынуждены быть хуже, чем есть даже на самом деле.** Они решают кармическую задачу разрушения вашего идеала и делают это самым малоприятным для вас образом. И пока вы не измените своего отношения к родным, они просто вынуждены отравлять вашу жизнь.

Кроме того, не сняв осуждения поведения своих родителей, по третьему правилу кармического «воспитания» **вы сами должны будете занять их позицию.** Вспомните народную мудрость: «Яблоко от яблони недалеко падает». Довольно часто (но не всегда) это является следствием осуждения своих родителей. То есть вы сами должны будете скандалить так, как скандалила обидевшая вас мать. И даже если вы сознательно будете противиться этому, то все события окружающей жизни будут провоцировать вас к этому. Муж (или жена), дети, родственники, соседи — кто-то из них обязательно будет активно провоцировать вас на то, чтобы вы встали в позицию человека, поведение которого вы осуждаете.

Как возникает семейная карма

Именно так, как нам представляется, возникает механизм так называемой семейной кармы, то есть ситуации, когда семейные скандалы, болезни, а то и смерти (чаще всего от рака) передаются от родителей к детям, и так несколько поколений подряд.

Получается это примерно так. По каким-то обстоятельствам в семье возникают конфликты — жена конфликтует с мужем, один из них переполняется обидами и умирает. Их ребенок (обычно дочка) в детстве накапливает осуждения и обиды на родителей, которые своими скандалами отравили ее детство. Соответственно по третьему правилу кармического «воспитания» она сама должна также вести себя в семье. Поэтому и в ее семье идут конфликты, скандалы, приводящие к переполнению «сосуда кармы» и досрочной смерти одного из родителей. Их ребенок также обижается на родителей, следовательно, и в его семье ситуация должна повториться, и т. д. А с внешней стороны это выглядит как злой рок, повисший над этим родом, — из поколения в поколение в семье идут конфликты, проблемы, смерти. И так будет продолжаться до тех пор, пока одна из очередных участниц (или участников) семейных конфликтов **не прервет** сознательно эту цепочку обид и осуждений. Сделать это не очень сложно — нужно только понять, за что жизнь ставит вас в эту ситуацию, и **снять осуждение или обиду на человека, судьбу которого жизнь заставляет вас повторить.** Если осуждение снято, то жизни незачем будет еще раз провоцировать вас на конфликты и связанные с этим последующие проблемы. Как именно можно снять осуждение и обиды на родителей, мы расскажем в следующей главе книги. А пока продолжим о проблемах детей и родителей.

Как вы уже наверняка догадались, модель «удачных» родителей может создаваться как на основе примера других благополучных семей, так и на основе поведения своих же родителей в молодом возрасте. Возможно, вы хорошо помните взаимоотношения своих родителей **в молодом возрасте**, когда они были влюблены друг в друга и жили вполне благополучной и ровной жизнью. Такими они запомнились вам, и такими же вы хотели бы видеть их в старости. Но с годами их «сосуды кармы» наполнились, любовь прошла и они занялись кармическим «воспитанием» друг друга и разрушением ваших идеализаций. Вы этого не понимаете и не принимаете, в итоге появляются обиды и осуждения, что приводит к заполнению уже вашего «сосуда кармы».

Рассмотрим пример.

Случай 1. Наталья, 37 лет, замужем, имеет ребенка 14 лет. Работает главным бухгалтером в крупной коммерческой организации.

В детстве родители Натальи часто ссорились между собой, но делали это достаточно воспитанно, без криков и громкого выяснения отношений. Оба были достаточно властны и боролись за лидерство в семье.

Отец был руководителем крупной строительной организации в Сибири. Он был веселым, энергичным, честным руководителем. Затем его перевели в партийный аппарат в Москву, куда переехала вся семья. Здесь его не устроила душная атмосфера аппаратной борьбы, и он запил. Через два года ему снова предложили работу в Сибири, и он с радостью уехал. Семья осталась в Москве. Мать через несколько лет умерла от рака.

После выхода на пенсию отец женился и вернулся с новой женой, которая моложе его на 15 лет. Сейчас они пробуют решить жилищный вопрос — либо разделить квартиру, в которой живет семья Натальи, либо продать дачу и купить себе однокомнатную квартиру.

Любой из этих вариантов не устраивает Наталью, поскольку квартира и дача должны были (по ее расчетам) достаться ее сыну. А здесь какая-то чужая ограниченная и корыстная женщина претендует на часть ее имущества. Отец, который раньше был образцом воспитанности и честности, стал скрягой и даже ругается матом в подпитии. Когда Наталья пробует доказать ему ошибки, он хамит и заявляет, что все здесь принадлежит ему (по документам так и есть).

В итоге Наталья испытывает огромный дискомфорт при виде отца и мачехи и даже не может выйти в кухню, когда они там находятся.

На работе у Натальи тоже бывают проблемы. Придя работать главным бухгалтером, она обычно становилась подругой своим подчиненным. В итоге, когда они не выполняли положенную работу, она не могла применить к ним санкции, а делала все сама. Дела бухгалтерии постепенно запускались, и ей приходилось уходить с работы. После ее ухода сотрудники, некомпетентность или безделие которых она покрывала, обычно не говорили о ней ничего хорошего. Так повторялось несколько раз, что тоже было дополнительным источником обиды на жизнь.

Диагностика ситуации

Приведенной выше информации вполне достаточно, чтобы определить те идеализации, за которые Наталья подвергается кармическому «воспитанию».

Самая яркая идеализация у Натальи — это **идеализация людей**, их честности, благородства, верности и т. д. Соответственно, в порядке разрушения ее идеалов, люди должны были предъявлять ей свои противоположные качества.

Так, в детстве она составила себе **модель идеального отца** — воспитанного, деликатного, не повышающего голоса на людей (это строитель-то!), честного, щедрого, верного своей жене и т. д. И действительно, в детстве ее отец во многом был именно таким (или представлялся ей таким).

Естественно, Наталья ожидала, что он останется таким идеалом навсегда. Именно поэтому позже **он должен был предъявить ей противоположные качества** — грубость, расчетливость, скандальность и т. д. Тем самым он доказывал Наталье, что мир очень многообразен и нельзя придавать избыточное значение какой-то одной модели человека. И пока она не примет его в новом виде, он вынужден будет разрушать ее идеал.

Эта же идеализация проявилась по отношению к мачехе. Наталья сравнивает ее со своей матерью и осуждает за неразвитость, приземленность интересов (ее мать очень любила искусство), неделикатность, жадность и т. д. Соответственно мачеха просто обязана предъявить ей противоположные качества.

Та же **идеализация людей** проявляется у Натальи и на работе. Она считает, что душевные отношения между людьми важнее должностных требований. И что, покрывая недостатки своих сотрудников, входя в их трудное материальное положение, она делает доброе дело и вправе рассчитывать на их верность и поддержку в случае конфликта с директором. А такой конфликт практически неизбежен, поскольку сотрудники не справляются с работой и некоторые дела в бухгалтерии запускаются. Рано или поздно это обнаруживается, и Наталье приходится нести ответ за упущения. И тут сотрудники, думающие в основном о своем будущем, не вступаются за Наталью. Наоборот, после ее ухода они часто говорят про нее пакости новому главному бухгалтеру.

То есть люди на практике демонстрируют, что они совсем не такие, как представляются Наталье. Жизнь ей это многократно показывает, но она упорно придерживается своих идеалов. И такая **ситуация будет продолжаться** до тех пор, пока она не допустит в свое сознание, что люди бывают разные — как хорошие, так и плохие. И с теми, кто не справляется с работой, нужно поступать по правилам. А иначе своей добротой ты наносишь прямой ущерб той организации, которая тебя же кормит.

Случай 2. Валентина, 38 лет, разведена, имеет ребенка 13 лет. Валентина работает главным бухгалтером крупной строительной организации. Жизнью Валентина в целом довольна, замуж повторно выходить пока что не собирается и такую цель перед собой не ставит.

Валентина живет в одной квартире с родителями, и здесь у нее возникает почва для дискомфорта. Ее «достает» пожилой отец, постоянно предъявляющий претензии и высказывающий подозрения в ее нехороших замыслах по отношению к себе (например, что она хочет выселить его из квартиры). Точно так же он ведет себя по отношению к соседям по лестничной площадке или по даче, к другим знакомым. В итоге Валентина обижается, месяцами не разговаривает с отцом и старается не выходить из комнаты, когда он находится на кухне. С матерью отношения у Валентины хорошие.

Других проблем у Валентины нет. Она хорошо зарабатывает, ребенок радует ее своими успехами в школе, мужчины тоже не оставляют ее своим вниманием. Валентина интересуется духовной и эзотерической литературой, но самостоятельно решить свою проблему с отцом не может.

Диагностика ситуации

У Валентины мы встречаем типичную **идеализацию людей и отношений между ними**. Причем эта идеализация проявляется только в семье, поскольку на работе она ведет себя вполне корректно и не страдает избыточной любовью к сотрудникам или руководству. К этому есть несколько причин.

Наличие идеала отца с детства

Первая — это то, что Валентина имела основания для составления идеала своего отца,— она видела его в детстве и была им вполне довольна. Поэтому и сегодня, когда он состарился, она ожидает от него прежнего поведения. В своих мыслях она не позволяет ему измениться! И когда он предъявляет ей нелепые претензии, он вступает в противоречие с существующей в ее памяти моделью поведения отца. Именно это противоречие раздражает ее, заставляет ее обижаться и осуждать его поведение. Ведь если бы такие же нелепые претензии высказал любой другой человек, она бы только посмеялась над ними. У нее нет никакой модели поведения этих людей, поэтому они могут быть любыми, ей все равно. А вот с отцом не все равно, потому что он должен вести себя так, как она считает нужным! А он, в соответствии с типовым «воспитательным» процессом, ведет себя иначе. Как же быть? Да очень просто — позволить ему быть таким, какой он есть, — пожилым, бестолковым, высказывающим нелепые претензии. Не осуждать, не негодовать, а посочувствовать — это именно то, в чем он действительно нуждается.

Относительно своих сотрудников (или начальников) Валентина почти не имеет моделей или принимает меры, когда они не соответствуют ее требованиям (точнее, требованиям должностной инструкции).

С отцом ситуация хуже. Он не сотрудник, его не уволишь и на улицу не выгонишь (чего он втайне опасается, чувствуя свое «несоответствие» ее требованиям). С ним нужно жить, и желательно жить в мире. Но тут есть проблема уже не ментального уровня, а эфирного.

Энергообмен в семье

А заключается эта проблема в стандартном энергообмене: от здорового к больному. Отец Валентины — человек пожилой, имеющий свою, не очень благостную систему взглядов на мир. Соответственно в порядке кармического «воспитания» его «смотритель» уже давно начал перекрывать его источники жизненных сил. Ему стало не хватать жизненных сил, получаемых из пищи (при еде), воздуха (при дыхании) и окружающей среды (через чакры).

Не имея возможности получать жизненные силы естественным путем, его организм стал искать другие источники. И нашел — у других людей. Если бы Валентина была более мягкой и открытой женщиной, то ее отец стал бы плакаться ей на несчастную жизнь и свои болезни и получать от нее порцию жизненных сил в виде сочувствия.

Но Валентина — довольно властная и закрытая женщина, мало склонная к сочувствию (иначе она бы не удержалась на месте главного бухгалтера). Значит, ее отец стал применять к ней другой прием энергоподпитки — стал провоцировать ее на вспышки гнева и обиды. Для этого годятся любые меры, лишь бы был результат. Можно говорить нелепости, можно ругаться матом, можно оскорблять любые ценности — годится все, когда хочется жить. В данном случае он нащупал идеализацию Валентины и постоянно оскорбляет ее. Фактически это краник от источника жизненных сил. Повернул его — и вот тебе поток эмоций. Не очень хороших по содержанию, но где же взять лучше?

Примерно так складываются энергетические отношения в семье Валентины. Но наверняка многие из читателей найдут такие же энергообмены и в своей жизни. Плохо ли это? Плохо, потому что этот вполне естественный энергообмен происходит в форме конфликта, отравляющего жизнь и приводящего к заполнению «сосуда кармы». Если энергообмен проходит в форме сочувствия, то это **хорошо, но до тех пор, пока он не вредит здоровью «донора».** Поскольку по мере уменьшения собственного жизнеобеспечения «вампира» он увеличивает дозу жизненных сил, отбираемых от донора. И это может привести к тому, что у «донора» ухудшится здоровье, он похудеет, у него станет отказывать сердце и т. д. Так часто бывает в семьях, где в одной квартире (или даже комнате) живут молодые и очень больной пожилой человек.

Когда порция жизненных сил, забираемых больным человеком у здорового, превысит допустимый предел, то сработает защитный механизм в организме «донора». У него случится сердечный приступ, он сильно заболеет — то есть тем или иным способом будет перекрыт канал, по которому утекают жизненные силы от прежде здорового человека к больному.

Таковы процессы энергообменов на уровне эфирных (и эмоциональных) тел людей. В принципе, они не имеют прямого отношения к рассматриваемому нами «воспитанию» за неправильное отношение к жизни (ментальный план).

Что их объединяет — это то, что «вампиры» первыми нащупывают ваши идеализации и «наезжают» на них, заставляя вас переживать и делиться с ними вашим избытком жизненных сил. Поэтому будем им благодарны за эту диагностику и подарим им то, чего у нас должно быть в избытке.

В этом параграфе мы не рассматриваем конфликты между молодыми родителями и их юными детьми. Эти проблемы так или иначе будут затронуты в последующих параграфах этой главы.

А пока подведем очередные итоги.

ИТОГИ

1. Причиной проблем в отношениях между взрослыми детьми и пожилыми родителями чаще всего является наличие идеализаций у детей по отношению к родителям.

2. Основными ошибочными убеждениями в таких случаях являются идеализации людей и отношений между людьми, осуждение глупости.

3. Разрушение идеализации часто сопровождается интенсивными энергообменами, причем «донорами» обычно выступают более молодые и здоровые дети, а «вампирами» — их пожилые родители.

4. Энергообмены могут быть бесконфликтными, если дети не будут осуждать родителей за разрушение своих идеалов и от осуждения перейдут к сочувствию и реальной помощи.

2.2. ПОЧЕМУ СПИВАЕТСЯ МУЖ?

В этой главе книги мы будем рассматривать причины появления мужского пьянства. Точнее, лишь одну из таких причин.

Скорее всего, причин появления пьянства существует несколько. Но мы будем рассматривать только одну:

пьянство как способ психической защиты от унижения мужского самолюбия.

Пьянство как способ психозащиты

Именно так — не болезнь, не психическое расстройство, а способ психозащиты. Почему именно эта причина? Ответ здесь прост: потому, что нам еще не приходилось встречаться с другой причиной. Скорее всего, они есть, но нам пока что не попадались. Когда попадутся, мы будем делать выводы.

А пока мы рассмотрим только одну ситуацию, с большой вероятностью приводящую к пьянству мужа: **судьба сводит вместе энергичную и властную женщину и чуть менее энергичного мужчину.** Сводит любовью для последующего разрушения ценностей друг друга — в соответствии с положениями нашей теории.

Какие же идеализации при этом разрушаются?

Идеализации властных женщин

Рассмотрим для начала женщину. Сегодня по не очень понятным причинам в России (да и во всех развитых странах) наблюдается приход в мир множества властных и энергичных женщин. Существует мнение, что это вызвано тем, что женщины не выполняют заложенную в них Природой функцию — рожать и воспитывать по 5—10 детей. **Потенциал** для рождения и выхаживания детей есть, но он **не используется по прямому назначению.** Куда-то он должен деваться — вот тут как раз и подворачиваются мужчины, на которых выплескивается вся энергичность женщин. Они чувствуют себя хозяевами жизни и пробуют строить ее по своему усмотрению. Несложно догадаться, что это типичная **идеализация своей способности контролировать окружающий мир.**

В порядке кармического «воспитания» сильной женщине должен достаться муж, который будет на деле доказывать ей, что она ничего не может в этом мире. И достаточно часто именно так и получается.

Сильной женщине достается в мужья слабый муж. Но это только мы со стороны можем сказать, что он внутренне слабее своей жены. Он-то так не думает! Любой мужчина, даже самый вялый, в соответствии с традиционными взглядами на взаимоотношения в семье, считает себя кормильцем и главой семьи. Даже если он зарабатывает меньше жены и ничего не может делать по дому. Это не имеет значения. У любого мужчины в подсознании сидит идея, что он должен быть главой в своей семье! В принципе, это та же самая идеализация своих способностей и желание контролировать окружающий мир.

Если властная жена еще и разумна, то она понимает эти претензии на главенство мужа и позволяет ему слегка покуражиться. То есть делает она все по-своему, но вслух высказывает ему свое почтение и даже иногда спрашивает у него совета.

Но то разумные жены, и они не ходят на консультации к психологам по поводу пьянства своего мужа. К сожалению, иногда встречаются и другие, которые начинают устанавливать свои порядки в семье.

Если мужчина совсем слаб, то после небольшой борьбы он соглашается с создавшейся ситуацией, передает главенство во всех делах (вместе с возникающими проблемами) жене и остается вполне доволен своей жизнью. В народе таких называют «подкаблучник».

Так бывает, но не всегда. Большинство мужчин очень дорожат своей идеей главенства и принимают меры к ее воплощению в жизнь. И вот если жена очень властна и грубо разрушает его претензии на главенство, то мужчине остается несколько выходов.

Способы самозащиты мужчин

Более-менее сильный мужчина после ряда конфликтов **уходит от избыточно властной жены** (если есть куда и не держат обязательства вроде детей и общей собственности).

Более слабый мужчина **в истерической форме периодически предъявляет свои претензии на лидерство.** Если у него ничего не получается, а уйти нельзя, то он принимает меры к сохранению своих самооценки и самоуважения. Вариантов здесь не так уж много.

Мужчина может **с головой погрузиться в работу** и не обращать внимания на семейную жизнь. Он находится на работе по 16 часов в сутки, и у жены остается мало времени для его унижения.

Другой вариант — он начинает **искать источник уважения на стороне**, у другой женщины. Это очень несложно сделать, поскольку любая женщина, даже довольно властная, не будет торопиться с заявками на лидерство, пока не получила мужчину в мужья. Иначе он просто сбежит.

И, наконец, третий вариант — **пьянство.** Мужчина выпивает сто, двести, а потом и больше граммов, и проблема унижения его мужской гордости снимается. Он всех любит, все прощает. Или наоборот, водка придает ему энергии и он начинает доказывать свою значительность, обычно самыми неделикатными способами.

Именно такие случаи встречались нам достаточно часто. И именно их мы сейчас рассмотрим. Итак, конкретный пример.

Случай 3. Татьяна, 56 лет, кандидат наук, доцент вуза, пенсионерка.

Татьяна — очень энергичная, властная и самостоятельная женщина. В юности у нее была сильная любовь, но юноша ее предал — женился на другой девушке. Это был сильный удар по ее представлению о мире. Татьяна буквально на 10 лет обиделась на своего любимого и на весь мужской род. Он через год развелся и много раз приезжал к ней в другой город, предлагая руку и сердце, но обида оказалась сильнее.

Чтобы найти выход своей природной энергичности, Татьяна с головой погрузилась в науку. После окончания института она стала работать на кафедре и поступила в аспирантуру. С защитой диссертации тоже возникало много проблем, но она буквально грудью снесла все препятствия. Позже она стала заведующей кафедрой своего вуза, пробовала защитить докторскую диссертацию, но не довела до конца, поскольку бытовые проблемы отнимали много сил и времени.

А проблемы возникли в ее семье. Учась в аспирантуре, она встретила молодого человека, тоже аспиранта, но другого вуза. Он был родом из одной небольшой южной республики. Молодые люди полюбили друг друга и создали семью. Татьяна привела его в свой дом, предоставила прописку, ее родители обеспечили их жильем путем размена своей квартиры.

У молодоженов были все возможности создать хорошую семью, но вскоре возникли проблемы. Ее муж, который в силу сельского воспитания любил иногда выпить вина, стал пить более активно. Он защитил диссертацию и устроился на хорошую работу, но через некоторое время был вынужден уйти оттуда. По причине пьянства он стал терять хорошие работы, куда устраивала его Татьяна и ее знакомые. Она прилагала большие усилия, чтобы вывести мужа из пьянства, — водила его на кодирование, к самым известным целителям, иглотерапевтам и другим специалистам, но ничего не помогало. Так в борьбе с пьянством мужа прошло более 20 лет. Детей не было из-за болезни мужа, бросить его Татьяна не считала возможным. Она много лет пыталась сделать его нормальным человеком, но успеха не было.

Диагностика ситуации

На примере жизни Татьяны отчетливо видны воспитательные меры, применяемые к ней окружающим миром для разрушения ее идеалов.

Будучи от природы очень энергичной и уверенной в себе девушкой, она построила **идеальную модель семейной жизни** с любимым юношей. Поскольку ее юноша был слишком хорош для осуществления «воспитательного» процесса и не смог бы разрушать ее идеализации по полной программе, он вынужден был жениться на другой девушке.

Татьяна не поняла этого урока и обиделась на весь мужской род. Обида на всех мужчин — типичная **идеализация своих способностей, норм морали и людских взаимоотношений** (в частности, верности). Обида на мужчин обычно воспитывается тем, что вас заставляют полюбить далеко не лучшего из представителей этой половины рода человеческого. Вы их презираете — а какие у вас есть основания для этого? Они такие же экскурсанты на эту землю, как и вы, со своими задачами, привычками, взглядами на жизнь. Обижаясь или презирая мужчин, вы осуждаете качество работы того, кто создал этот большой заповедник, т. е. Бога. То есть ставите себя выше Бога, поскольку вы недовольны его работой.

Соответственно он просто обязан применить к вам меры воспитания. Если вы такая крутая и всего можете достичь в этой жизни, то докажите это на деле. А дело совсем простое — попробуйте изменить убеждения своего мужа, доказать ему ваше право на лидерство!

Поэтому Татьяне, много лет обижавшейся и презиравшей весь мужской род, должен был достаться в мужья мужчина с явными недостатками. Какими — вычислить несложно.

Татьяна была властной и решительной женщиной, хозяином жизни, всегда достигающим своих целей. Значит, в мужья ей должен был достаться мужчина слабовольный, не умеющий зарабатывать деньги и быть хозяином семьи. Это мог быть либо человек гуманитарного склада ума, увлеченный какими-то идеями и не придающий значения вопросам материального процветания. Например, научный работник, литератор, художник, изобретатель, радиолюбитель и т. п.

Либо совсем никчемный человек, пьяница или наркоман. Для Татьяны выпал второй вариант, и это тоже объяснимо. Будучи человеком очень энергичным, Татьяна стала явным лидером в своей семье, самостоятельно решая все возникающие в совместной жизни проблемы. Тем более, что у нее были для этого все основания, — она дала своему мужу прописку, обеспечила его жильем, зарабатывала больше денег и т. д. Но лидерство женщины является мощным способом унижения мужской гордости, разрушения его видения мира и системы ценностей. Особенно унизительным лидерство жены было для мужа Татьяны, который воспитывался в сельской местности, где роль мужчины как кормильца и главы семьи до настоящего времени сохраняется в полной мере.

Ощутив бесперспективность своих заявок на лидерство в семье, муж Татьяны применил типовой прием психической защиты, который используют мужчины, попавшие «под каблук» своей жены (даже если она вполне воспитанна и не применяет физическую силу или обороты народной речи). Он стал пить. Тем самым он стал разрушать ошибочное убеждение Татьяны о ее способности сделать мир таким, каким она считает нужным. То есть стал разрушать ее идеализацию контроля окружающего мира и идеализацию ее способностей сделать мир таким, как ей хочется.

Татьяна, будучи уверенным в своих силах человеком, вызов окружающего мира приняла. Она не ушла, не развелась, а стала делать из своего мужа «человека», то есть стала лечить его от пьянства. На это ушли десятки лет с нулевым результатом. Мир оказался сильнее.

И только в последние годы, после прочтения массы духовной и эзотерической литературы, она стала усмирять свой энергичный нрав и позволять своему мужу быть самим собой, и даже иметь свое мнение по некоторым вопросам. Соответственно у него стал потихоньку проявляться интерес к жизни, и желание забыться в хмельном угаре стало не таким привлекательным.

Понимание причин возникновения проблемы вовсе не означает, что она решится в один день. Работа с ошибочными убеждениями — это не магия, где за один сеанс иногда удается перекодировать человека. То есть отодвинуть его проблему в будущее, где она вновь проявится в виде «зрелой» кармы и решить ее будет очень даже нелегко.

Мы предлагаем путь более длительный, но перспективный. Поняв свои идеализации и изменив отношение к мужу, Татьяна только перекрыла сверху клапаны своих идеализаций. Но в «сосуде кармы» за многие годы уже накопилось порядочно грехов, которые никуда не делись. То есть сосуд будет потихоньку опустошаться за счет нижних труб. Но, как вы понимаете, это процесс небыстрый. Скорее всего, он растянется на несколько лет, в течение которых муж Татьяны будет с подозрением смотреть на ее изменившееся отношение к нему и может даже провоцировать ее, проверяя ее «святость» на устойчивость.

Этот процесс очищения «сосуда кармы» можно несколько ускорить. Как — мы уже рассказывали. Например, шире открыть клапан на одной из нижних труб. Проще всего это сделать через трубу под названием «сторонние воздействия». Для этого можно использовать ритуалы православной церкви — покаяние, исповедь и др. Если, конечно, вы принадлежите к этой церкви.

Мы рассмотрели только один случай, но он многократно повторяется. Так что, уважаемые властные и уверенные в себе женщины, если ваш муж выпивает, то, может быть, не стоит так уж сильно осуждать и пытаться переделать его. Может быть, стоит чуть-чуть поработать над собой и позволить вашему мужу побыть главой семьи, хотя бы номинально. Станьте чуть снисходительнее к его претензиям на лидерство, и ему не нужно будет разрушать ваши ошибочные убеждения таким вредным для него способом. Он ведь старается для вас, для воспитания именно вашей души! Посочувствуйте и пожалейте его, беднягу. Он ведь и сгореть может на своем «воспитательном» поприще.

Здесь нам приходится обращаться напрямую к женщинам, поскольку именно мужчинам приходится нести всю «воспитательную» нагрузку, с риском потери здоровья и цирроза печени. К мужчинам с аналогичным призывом мы не обращаемся, поскольку пьющих женщин мало и кого они этим «воспитывают», нам неизвестно.

Мы рассмотрели только одну причину мужского пьянства — **пьянство как способ психозащиты от унижения его системы ценностей.**

Психозащита на работе

Но ценности мужчины, естественно, могут унижаться не только в семье. Второе место, которое может стать **причиной пьянства, — это работа.** Здесь тоже очень часто разрушаются идеализации, и, если человеку не удается изменить ситуацию или принять ее как должную, он может применить этот же прием психозащиты.

Например, руководителя большой и самостоятельной организации с периферии переводят в порядке повышения в столицу и назначают начальником отдела в аппарате Правительства (раньше — в партийном аппарате). Если человек сумел на периферии стать руководителем предприятия, то, скорее всего, он достаточно энергичен, уверен в себе, напорист, умеет самостоятельно принимать решения и нести за них ответственность. Все это помогало ему двигаться по служебной лестнице на производстве.

Но вот его вроде бы в порядке повышения сделали «винтиком» в большом механизме государственного аппарата управления. Здесь его напористость и умение самостоятельно принимать решения никому не нужны. В аппарате ценятся совсем другие качества — качества «винтика большого механизма». Если человек сумеет быстро адаптироваться к новым условиям, он будет «своим» в административном аппарате и сумеет продвигаться дальше по служебной лестнице. Если же его идеалы свободы и независимости останутся для него значимыми, то внутренний конфликт неизбежен. **Система ценностей человека разрушается, и он ищет защиты от этой дискомфортной ситуации.** Выходов несколько, и один из них — алкоголь. Выпил — и проблем вроде бы нет.

Хотя понятно, что это одних проблем нет, но зато появляются другие.

Мы рассмотрели один из случаев унижения мужской самооценки и чувства собственной значимости, а их бывает множество. Например, попадание в армейскую среду человека с высокой внутренней самооценкой и независимостью с высокой вероятностью приводит к применению психозащиты в виде пьянства.

Причиной пьянства может стать **невостребованность потенциала человека**, который сам не умеет или в силу особенностей характера не хочет найти ему применение. Например, закрывается предприятие и всех увольняют. Большинство людей в этой ситуации ищут новое применение своим знаниям или умениям. Если этого нет, то нужно переучиваться или идти работать не по специальности. Например, большинство российских эмигрантов за границей начинают свою карьеру с самых низших должностей — мойщиков посуды, водителей такси или других, столь же престижных. Если они не обижаются на окружающую жизнь и упорно борются за свое выживание, то они обязательно достигнут успеха. Но то эмигранты, которые психологически готовы к тому, что за рубежом никто о них думать не обязан.

Другое дело в нашей стране. Десятки лет нам внушали, что советский человек защищен от всех невзгод. Как защищен — дело десятое, но уверенность в будущем была. Сегодня ситуация изменилась, но система наших убеждений и отношение к миру могут остаться прежними. Особенно это касается пожилых людей, чье отношение к жизни формировалось в условиях социализма.

Такой человек, оставшись без работы, но имея твердую систему взглядов на мир, не принимает происходящие вокруг него изменения. Вместо того чтобы подстроиться под окружающий мир, он обижается на него, становится агрессивным и хронически недовольным. Поскольку мир не реагирует на его недовольство и не изменяется в соответствии с его убеждениями, то **человек закрывается от несовершенного** (с его точки зрения) **мира**. Способ закрытия — типичный, с помощью стакана. Люди с еще большей обидой на жизнь иногда даже лишают себя жизни, пытаясь этим доказать свое недовольство миром. Но уйти от мира таким путем нельзя, к сожалению. Можно попытаться уйти от несовершенного мира сегодня, а **завтра он поставит нас в еще более худшие условия.** Например, вы родитесь где-нибудь в нищей стране в Юго-Восточной Азии, да еще подхватите болезнь типа проказы. И по сравнению с теми условиями ваша нынешняя жизнь покажется сущим раем. Так будет, но, к сожалению, наша память не сохраняет информации о том, почему человек оказывается в той или иной жизненной ситуации.

Пьянство — не болезнь

Таким образом, мы предлагаем рассматривать многие случаи мужского пьянства как **случаи психической защиты от несовершенств окружающего мира.** А несовершенства могут проявляться в виде унижения мужской самооценки через властную жену, в виде унижения гордыни, высокой самооценки и чувства независимости — через обстоятельства окружающей жизни либо в виде невостребованности имеющегося потенциала, значимого для человека.

Скорее всего, можно найти еще несколько вариантов того, от чего человек защищается через пьянство. Но во всех случаях мы хотим повторить одну мысль — здесь **пьянство не болезнь, а способ психозащиты.** И избавление от пьянства должно идти не через излечение или принудительное программирование, а **через устранение тех причин, которые разрушают систему ценностей человека.** Либо через **изменение его системы ценностей**, поскольку окружающий мир разрушает ее.

Наверное, пьянство имеет и некоторые другие корни. Мы рассказали только об одной из причин, и вы можете примерить ее к известному вам случаю. Если она подходит, то последующие действия понятны. Если не подходит — вам не повезло, ваш случай требует отдельного рассмотрения. Бывает и так.

А сейчас нам пора подводить итоги.

1. Пьянство мужа часто является способом психической защиты от разрушения избыточно властной женой системы его ценностей.

2. Для прекращения пьянства мужа необходимо изменить отношение к своим идеализациям прежде всего его жене.

3. Мужчины часто используют пьянство в качестве способа психозащиты от разрушения своих идеалов в любых ситуациях — на работе, в быту, в отношениях с родными и т. д.

4. Для излечения мужского пьянства часто достаточно позволить мужчине реализовать свою систему ценностей, хотя бы и в урезанном виде. Либо изменить его систему ценностей, доказав ее ошибочность.

2.3. НЕТ РЕБЕНКА — ЗА ЧТО?

В этом параграфе мы хотели бы рассмотреть одну из причин, по которой у семьи может не быть ребенка. Поскольку мы занимаемся вопросами кармических взаимодействий, то, естественно, нас не очень интересуют случаи, когда супруги не могут иметь детей по чисто физиологическим причинам. Например, из-за проблем с потенцией мужа или осложнений в организме у жены.

Нас интересуют случаи, когда супруги физически здоровы, но детей у них нет. И обращения к врачам или целителям не помогают. Это очень похоже на ситуацию, когда Высшие силы не позволяют иметь супругам детей из-за нарушения ими некоторых требований.

Бездетность — результат кармического «воспитания»

Как нам представляется, подобная ситуация иногда является результатом кармического «воспитания» из-за наличия ошибочных убеждений. Возможно, здесь может иметь место **идеализация семейной жизни**, когда супруги не представляют себе жизнь без детей. Тогда им в порядке кармического «воспитания» может быть навязана бездетность. Необходимость такого «воспитания» может отпасть тогда, когда супруги примут жизнь такой, как она есть, и позволят себе жить как с детьми, так и без них.

Но люди редко принимают такую позицию. Они скорее разводятся, и в другой семье у любого из них могут быть дети. Там уже будет другой набор идеализаций. Соответственно там будет использован другой набор «воспитательных» мер.

Мы рассмотрели самый простой случай, который супруги легко могут продиагностировать сами. И принять меры по изменению своего отношения к миру, чтобы выйти из-под «воспитательных» мер.

Но бывают и более сложные случаи, когда супруги здоровы и совсем не идеализируют семейную жизнь, а ребенка все равно нет. Рассмотрим пример.

Случай 4. Ира, 31 год, замужем 8 лет. Имеет мягкий, ровный характер.

Ира работает бухгалтером в совместном предприятии с достаточно высоким уровнем зарплаты. На работе имеется небольшой конфликт с главным бухгалтером, в результате которого она чуть было не ушла из фирмы. Конфликт был вызван тем, что Ира попробовала взять на себя чуть больше ответственности, чем это положено рядовому бухгалтеру.

У Ирины дружная семья, муж любит ее. Он предприниматель, увлечен глобальными проектами, которые постоянно срываются. В итоге он сидит на обеспечении Ирины, что дополнительно вызывает его раздражение и чувство вины. Ирина относится к этому вполне спокойно, хотя в небольших конфликтах иногда ставила такую ситуацию ему в вину.

Дома все хозяйство ведет Ирина, ее муж постоянно увлечен работой и не занимается мужскими домашними делами.

Детство Ирины было довольно неприятным, и она не любит вспоминать его. Ее родители часто скандалили между собой, и дети были свидетелями этих скандалов. У Ирины есть старший брат, которого родители баловали. Ире доставались остатки родительской любви и обноски вещей старшего брата. Она считала себя некрасивой, «гадким утенком». Ее муж был первым мужчиной, который рассеял это ее мнение о себе.

В студенческие годы Ирина была страстно влюблена в молодого человека и не мыслила себе жизни без него. Они дружили больше года, после чего молодой человек предложил ей остаться только лишь друзьями. Она была страшно разочарована и обижена на своего любимого. Была попытка суицида, но в последний момент какая-то сила остановила ее. Через три года она вышла замуж.

Половая жизнь с мужем у Ирины протекает нормально, но ребенка нет. Обследования у врачей показали, что оба супруга вполне здоровы и способны к деторождению. Два года назад Ирина обращалась к экстрасенсу, после чего у нее возникла беременность. Но она продлилась всего четыре месяца.

После этого Ирина прочитала много духовной литературы и поняла, что ее за что-то наказывают. Но за что, непонятно.

Диагностика ситуации

С первого взгляда Ирина достаточно благополучный человек. У нее хорошие отношения с мужем, интересная и высокооплачиваемая работа, приличные жилищные условия.

Тем не менее в ее системе взглядов на мир имеются некоторые ошибочные убеждения, которые и привели к «воспитательным» воздействиям со стороны окружающего мира.

Прежде всего, это **обида на своих родителей** (клапаны: осуждение людей, обида на жизнь). Она заблокировала эти воспоминания, то есть вытеснила их на задворки своей памяти. То есть вытеснила, но **окончательно не стерла память о негативных эмоциональных переживаниях.**

Такое вытеснение несложно делается с помощью **аффирмаций** (положительное утверждение) и других специальных **упражнений по самопрограммированию.**

Но «несложно» не означает эффективно. Если эти упражнения делаются с **высокой увлеченностью и уверенностью в результате**, то эффект может быть хороший, обиды и осуждения могут быть **вытеснены окончательно**. Но обычно такой уверенности можно достичь только на семинаре под руководством опытного преподавателя. Самостоятельно достичь полного вытеснения сильных обид из своего тела эмоций достаточно сложно. Можно, но это требует глубокой погруженности, веры, даже исступленности. Не получилось это и у Ирины. Обида на родителей в виде сгустков мыслеформ сохранились в ее теле эмоций и периодически всплывали в ее уме, провоцируя мысли и эмоции обиды и осуждения.

Еще одна сильная **обида**, которая осталась в ее теле эмоций, — обида на свою первую любовь. Поскольку она была страстно влюблена и просто не мыслила свою жизнь без любимого, то он, по общему правилу кармического «воспитания», должен был бросить ее. Что он и сделал, даже не понимая, почему.

Кроме этих главных клапанов у Ирины «подтекают» несколько других. Например, она **идеализирует свою деловитость** и слегка осуждает людей, имеющих проблемы с принятием решений (клапаны: идеализация своих способностей и осуждение людей). Соответственно ей в начальницы попалась женщина, которая всего опасается и с большим трудом принимает ответственные решения. Но когда Ирина попыталась взять долю ответственности на себя, это вызвало гнев ее начальницы, которая стала опасаться за свое место.

Ее муж тоже является разрушителем ее взглядов на жизнь. Ирина имеет достаточно **земные и рациональные взгляды на жизнь** (клапан: осуждение людей). Соответственно ей в мужья достался человек, постоянно витающий в облаках и не имеющий устойчивых доходов.

Ирина не придает особого значения уровню материальной обеспеченности, поэтому деньги у нее водятся.

Она не ревнива, поэтому у нее неплохие отношения с мужем и нет проблем с сексом.

Модель идеальной семьи

У Ирины существует довольно устойчивая **модель идеальной семьи**, в которой родители деликатны и вежливы, одинаково любят детей и помогают им идти по жизни. В ее модели муж любит жену и является реальным главой (кормильцем) семьи. В семье должны быть дети, с которыми существуют гармоничные отношения.

Но наша огорчительная теория кармических взаимодействий учит, что **раз модель есть, она должна быть разрушена.** Так оно и происходит. Муж уже «воспитывает» Ирину — не носит домой деньги и постоянно витает в облаках. Мать тоже по мере возможности «воспитывает» Ирину — высказывает ей свои взгляды на жизнь.

Поскольку Ирина **не простила своих родителей**, которые скандалили между собой, то в порядке кармического «воспитания» (третий способ разрушения идеализаций) **она должна оказаться в ситуации, когда она сама будет одним из скандалящих родителей по отношению к своему ребенку.** Но поскольку Ирина запретила себе скандалить и сознательно выполняет эту программу, она не может предстать перед своим ребенком в виде скандальной матери. То есть Высшим силам пока что не удается реализовать свой третий способ «воспитания». Значит, и ребенок пока что не может прийти — он должен наблюдать свою маму в виде скандалистки, а она не выполняет эту функцию.

Какой вывод из этого следует? Совсем несложный. Нужно либо поддаться «воспитанию» и стать скандалисткой по отношению к своему мужу. Но тогда, скорее всего, ее ребенку будет суждено накопить обид и оказаться в том же состоянии, что и Ирина.

Либо ей нужно окончательно простить своих родителей, избавиться от прошлых обид и осуждения. Тогда необходимость в применении третьего способа «воспитания» отпадет и Ирина сможет иметь ребенка.

Такова логика кармического «воспитания», которую мы нащупали. Она частично совпадает с народным опытом, который рекомендует яблоку падать не далеко от яблони. Рассмотрим еще один подобный случай.

Случай 5. Валентина, симпатичная женщина, 31 год, не замужем. Работает референтом директора крупного промышленного предприятия.

Несколько лет поддерживает отношения с мужчиной, который одновременно живет в гражданском браке с другой женщиной. Валентина знает эту женщину, но ничего поделать с ситуацией не может. Ее кавалер категорически отказывается жениться на ней, даже после появления беременности у Валентины. Она несколько раз пробовала разорвать эту связь, но ничего не вышло. Другие мужчины кажутся ей пресными и пустыми.

Не видя перспектив в построении семьи, Валентина решила завести ребенка. Не ставя в известность своего кавалера, она предприняла некоторые шаги, в результате которых забеременела. Но через 7, 5 месяцев у нее родился мертвый младенец, что явилось для нее огромным стрессом. Видимых причин для этого не было — Валентина здорова, сильных стрессов и переживаний в период беременности не было, ребенок был желанным.

В детстве Валентина получила много оскорблений в семье, где родители часто выясняли между собой отношения. Мать была лидером в семье, отец пил и предъявлял претензии на роль главы семьи. С того времени она накопила много обид на родителей, часть из которых осталась в ней и сегодня.

По словам Валентины, жизнь сильно обижала ее. В детстве она была некрасивой, в семье не было денег, и они не могли позволить себе купить красивые вещи. Сегодня у нее есть небольшие деньги, позволяющие ей снимать для себя квартиру, покупать хорошие вещи и жить с удовольствием.

К своим недостаткам Валентина относит упрямство и самостоятельность. Например, она никогда не может

заставить себя извиниться или что-то попросить у дру-
гого человека.

У Валентины наблюдается несколько типичных идеализаций, которые привели ее к интенсивному кармическому «воспитанию».

Так, с детства она накопила множество **обид на своих родителей** (клапан: обида на людей, осуждение людей). Эти обиды в виде отрицательных мыслеформ сохранились в ее теле эмоций и периодически подпитывают ее «словомешалку».

Помня свое несчастливое детство, она построила в мыслях **модель ровных и чутких взаимоотношений между людьми** и не представляет себе иных. Она действительно так ведет себя в любых ситуациях, что иногда требует больших усилий воли. Но такое внешне ровное и доброжелательное поведение может явиться причиной применения к ней кармического «воспитания». В соответствии с правилами кармического «воспитания», не простив своих родителей, она сама должна стать матерью-скандалисткой. Поскольку такое поведение исключено, у нее возникают проблемы с рождением ребенка.

Кроме того, у нее сохранились детские **обиды на жизнь**, когда она была некрасивой и не имела красивых вещей.

Несмотря на внешнюю мягкость, у Валентины довольно сильна **гордыня**. Она настолько хорошо думает о себе, что не может унизиться до просьб или извинений. Эта же внутренняя высокая самооценка позволяет ей контролировать на людях любые свои эмоции. Правда, оставшись одна, она часто плачет над своей горькой судьбой **(клапан: обида на жизнь)**.

Немного «подкапывает» у Валентины **клапан ревности**, но она борется с этим чувством, в чем ей очень хорошо помогает ее любимый, который полностью разрушает эту ее идеализацию.

Совокупность всех этих идеализаций привела к заполнению ее «сосуда кармы» почти на $^3/_4$ и к интенсивным «воспитательным» воздействиям со стороны окружающего мира. В том числе к тому, что у нее нет семьи и не может родиться ребенок.

Ребенок у Валентины **может родиться в том случае, если она сумеет простить обиды на своих родителей.** В этом случае она не должна будет сама оказаться в состоянии скандальной матери. Или ей нужно отказаться от своей модели поведения и стать обычной женщиной, шумной и властной,— как ее мать. Но в этом случае кармическое «воспитание» ее души окажется безуспешным и, скорее всего, повторится в следующей жизни.

Мы рассмотрели только две довольно сложные ситуации, в которых кармическое «воспитание» проявляется очевидным образом, но его причины далеко не очевидны. Скорее всего, вариантов подобных ситуаций существует немало. Поэтому мы просим тех наших читателей, кто найдет примеры подобных непростых случаев кармического «воспитания», рассказать нам о них. Наш адрес приводится в конце книги.

А мы пока подведем очередные итоги.

ИТОГИ

1. Бездетность при хорошем здоровье обоих супругов может являться результатом кармического «воспитания» за ошибочные взгляды на жизнь.

2. Одним из распространенных ошибочных убеждений, в результате которых может появиться бездетность, может быть идеализация семейной жизни, когда любящие супруги не представляют себе семейную жизнь без детей.

3. Другая идеализация, которая может привести к бездетности,— это обида на родителей, которые конфликтовали между собой. Если девушка не простила полностью своих родителей и одновременно твердо решила вести себя не так, как они, то у нее могут возникнуть проблемы с рождением ребенка. В соответствии с третьим способом кармического «воспитания» жизнь должна

поставить ее в ситуацию, когда она является скандаль-
ной матерью по отношению к своему ребенку. Если она
упорно не желает становиться в эту ситуацию, то
ребенок не приходит.

4. Лучшим способом выхода из этой ситуации являет-
ся полная развязка со своим прошлым путем полного
прощения всех своих детских обид. Более подробно об этом
мы расскажем в следующей главе.

2.4. ОДИНОЧЕСТВО – ПОДАРОК НЕ ДЛЯ ВСЕХ

В этом параграфе мы хотели бы рассмотреть несколько случаев, когда по тем или иным причинам женщина
остается без семьи (или хотя бы без мужчины). Хотя и
мужчины часто не могут найти себе жену или подругу по
аналогичным причинам, поэтому все рассуждения одинаково применимы и к ним.

Вариантов возникновения такой ситуации существует множество, рассмотреть их все не представляется возможным. Но, как нам кажется, в основе практически
всех ситуаций лежит одна причина – **избыточные идеализации** тех или иных сторон семейной жизни. Одновременно идеализируются и какие-то другие ценности, так
что кармическое «воспитание» у каждого человека имеет
свои особенности. Поэтому мы рассмотрим несколько
реальных ситуаций, а наши читатели с аналогичной
проблемой могут «примерить» их к себе и попробовать
самостоятельно определить, какие клапаны «сосуда
кармы» у них «протекают» и за что к ним применяется
кармическое «воспитание».

Итак, первый пример.

Случай 6. Татьяна, москвичка, 41 год, разведена.
Татьяна очень энергична, эмоциональна, деятельна,
властна, доброжелательна к большинству людей.

Татьяна родилась в Москве в семье со средним доста-
ком. После школы поступила учиться в институт на
экономический факультет, но бросила после первого

курса. Перешла на учебу в другой технический институт, но после четвертого курса бросила и его — обучение и последующая работа были ей не по душе.

С детства испытывала тягу к работе следователя — любила распутывать сложные ситуации и активно участвовать в происходящих вокруг нее событиях. Любит и хорошо играет в шахматы, но у нее нет партнеров. В момент, предшествующий выигрышу в шахматы, испытывает острый эмоциональный подъем (даже волоски на руках встают дыбом).

На старшем курсе института вышла замуж за военного и уехала с ним на Север, в военный гарнизон. Десять лет она любила мужа, жили достаточно дружно, без конфликтов. Детей не было. Муж рос по службе, стал командиром полка, полковником. Жена была «первой дамой» гарнизона, хотя особых претензий на лидерство не имела.

Затем чувство любви у нее внезапно прекратилось, и она, как человек внутренне честный, не смогла жить с мужем (как женщина) дальше. Год прожили с мужем в разных комнатах, затем оформила развод и уехала в Москву к родителям.

В Москве родители помогли ей устроиться работать горничной в престижную гостиницу. По отзывам Татьяны, работа эта тяжелая и унизительная, хотя и хорошо оплачивалась. Она проработала год, потом с помощью знакомых устроилась работать приходящей няней и горничной в семье иностранцев, живущих в Москве. Работа несложная, но не дает выхода ее высокой внутренней энергии. Наоборот, ей приходится подавлять свою энергичность и часами сидеть с маленьким ребенком.

В Москве встретила и полюбила другого мужчину, два года жила с ним. Жизнью была крайне недовольна. Новый (гражданский) муж унижал ее достоинство, иногда ругался матом, презрительно отзывался о ее внешнем виде. Татьяна несколько раз пыталась разойтись с ним, но испытывала необъяснимую тягу к нему, как и он к ней. Наконец, после очередного скандала три месяца назад он ушел и не вернулся. Сейчас она живет одна и испытывает от этого большой дискомфорт.

Татьяна всегда большое значение придавала (и прида-
ет) своему внешнему виду. Если она не накрашена, то не
считает возможным даже вынести мусорное ведро.
Осуждает знакомых и незнакомых людей, не следящих за
своим внешним видом.

Диагностика ситуации

Как видно из приведенной истории жизни, Татьяна с
детства наработала некоторое количество ошибочных
убеждений, за которые к ней применяется интенсивный
«воспитательный» процесс. Рассмотрим, какие же эти
убеждения.

Итак, первый открытый клапан «сосуда кармы» — это
идеализация красоты и своего внешнего вида. Стремиться
быть красивой и ухаживать за собой можно и нужно,
особенно такой интересной женщине, как Татьяна. Но
нельзя осуждать других людей за то, что они не придерживаются подобных взглядов. Нельзя придавать избыточное значение и своему внешнему виду — люди примут тебя в любом виде. Это встречают по одежке, а
провожают уже по уму.

Разрушение этой идеализации идет у Татьяны через
мужа (гражданского), который не ценит ее усилий по
поддержанию внешнего вида и оскорбляет ее.

Следующий открытый клапан — **идеализация норм
морали и общественного мнения.** Подобная идеализация
является обычной в семьях военных или партийно-госу-
дарственных чиновников. Для них часто очень значимо,
что подумают и скажут друзья или сослуживцы о твоей
жене, ее или твоем внешнем виде, одежде, доме, машине
и т. д. Каждый старается, чтобы у него было лучше всех,
и обижается, если что-то не так.

В данном случае эта идеализация выработалась, когда
Татьяна была женой командира части — фактически
«первой дамой» гарнизона. И в гражданской жизни она
инстинктивно стремится, чтобы у нее все было в порядке (дом, мужчина, обеспеченность), и обижается на
жизнь, если что-то не так.

Следующий активно функционирующий клапан — **идеализация поведения мужа (мужчины в семье).**

Являясь женщиной очень энергичной и внутренне сильной, Татьяна стремится быть лидером в семье. Тем более что работа горничной не дает выхода ее энергии. И эта энергичность выплескивается на мужа (гражданского) в попытках переделать его в соответствии со своими убеждениями.

У ее мужчины, естественно, тоже имеется набор убеждений, среди которых есть и такое, что мужчина должен быть главой семьи, а женщина должна быть тихой и покорной. Поскольку Татьяна никак не вписывается в эту модель, он предъявляет к ней претензии единственно доступным ему способом — словесно. Переходить к рукоприкладству он опасается, поскольку понимает, что при применении силы она наверняка сдаст его в милицию.

Сама Татьяна по модели, взятой с первого (бывшего) мужа, считает, что мужчина в семье должен быть рыцарем, деликатным, внимательным, любящим. Разрушение этой идеализации идет через второго мужчину, который хамит и оскорбляет ее.

Еще один открытый клапан — **ревность**. Татьяна очень ревнива и считает, что ее мужчина должен быть только с ней. Поэтому разрушение этой идеализации идет через мужчину, который рассказывает ей о своих знакомствах и встречах с другими женщинами (скорее всего, выдуманных). Но эти рассказы приводят ее в ярость и способствуют развитию конфликтов.

Следующий клапан — **контроль окружающего мира.**

Как личность от природы очень сильная и внутренне властная, Татьяна имеет свою модель окружающего мира и предпринимает усилия, чтобы он стал именно таким. Она делает замечания продавцам в магазинах за внешний вид или плохое отношение к покупателям, за что получает свою порцию брани. В транспорте или на улицах она иногда высказывает замечания другим людям, что тоже воспринимается ими без особого энтузиазма. В итоге ей чаще обычного встречаются на улицах пьяные или хамоватые люди.

Наконец, последний активно работающий клапан — **неисполнение кармической задачи.**

При рождении Татьяне были даны довольно большие способности к действию и анализу, которые она не сумела применить в жизни. Жена военного, горничная, домработница — этим людям совсем не нужны способности к анализу и логическое мышление, высокая активность. Им больше свойственны покорность и принятие мира во всех его проявлениях. Татьяна не сумела найти применение своим способностям, в итоге после 40 лет этот клапан приоткрылся и началось накопление и по нему.

В результате накопления шести явных идеализаций жизнь Татьяны стала достаточно дискомфортной. «Воспитательный» процесс применяется к ней преимущественно путем разрушения личной жизни, поскольку почти все ее идеализации относятся именно к этой сфере жизни.

Проблем со здоровьем раньше не было, сегодня больших проблем тоже нет — вследствие применения ею процедур очистки организма, занятия зарядкой, да и в результате данного Природой здоровья и высокой энергетики.

Но у Татьяны не все так плохо, как может показаться после наших рассуждений. Например, у нее нет идеализации денег, поэтому с ними все в порядке. Нет идеализации поведения мужчины в сексе — поэтому с этим тоже все в порядке.

Кроме того, своей энергичностью она создает себе некоторые проблемы. Например, у нее и так высокая энергетика, а она занимается ребефингом (интенсивное длительное дыхание), что еще больше повышает ее жизненный потенциал, который потом выплескивается на близких. Поэтому ей можно было бы порекомендовать попробовать медитации и упражнения, ведущие к оттоку энергии, поскольку естественного отвода энергии через сочувствие ближним, работу или секс у нее недостаточно.

Сильная женщина и слабый мужчина

В рассмотренном примере очень **энергичная женщина связана со слабым и менее волевым мужчиной** (вторым, гражданским, мужем), который пытался предъявить ей свое лидерство. Но не обладая для этого достаточным внутренним потенциалом, он делал это эпизодически, истерично и в грубой форме. Эта грубость является следствием его бессилия доказать свою значимость иным способом.

Это очень типичная ситуация, когда **властной женщине достается слабый мужчина.** Слабые мужчины буквально «притягиваются» к сильным женщинам — им так хорошо под их «крылом» (как цыплятам под крылом наседки). Но, не понимая и не принимая своей слабости, мужчины часто предъявляют претензии на лидерство. Из этого ничего не выходит, и тогда у них остается несколько выходов — признать свою незначительность, уйти из семьи, погрузиться с головой в работу, спиться или искать утешения у другой женщины. И еще один, достаточно тяжелый, выход — периодически устраивать скандалы и пытаться доказать свою значимость. Правда, иногда все эти способы сочетаются, и тогда семейная жизнь представляет собой сплошной кошмар.

Сильная женщина тоже хочет укрыться от житейских невзгод под «крылом» сильного мужчины (таким, видимо, был первый муж Татьяны). Она ищет сильного мужчину, но найдя, **бессознательно начинает переделывать его**, диктовать ему свои условия, навязывать ему свое лидерство. Но сильный мужчина потому и сильный, что никому не позволяет командовать собой. Соответственно **между сильным мужчиной и властной женщиной возникают конфликты,** которые ничем хорошим не заканчиваются. В лучшем случае сильный мужчина уходит к другой женщине, которая не будет пытаться переделывать его по своему усмотрению. Или сильная женщина уходит от мужчины, который не хочет считаться с ее мнением.

Такова общая ситуация, которая в целом многократно описана в разных психологических теориях. Мы излагаем ее в понятных нам и, надеемся, нашим читателям терминах.

В рассмотренном примере одиночество возникло из-за конфликта между властной женой и претендовавшим на самостоятельность мужем. В следующем примере ситуация чуть хуже — здесь властная женщина даже не может получить себе в мужья подходящего мужчину.

Случай 7. Ирина, 34 года, очень самостоятельная, властная одинокая женщина. По одному из родителей Ирина имеет дворянскую кровь, что сказывается на ее отношении к жизни. Ирина чувствует себя выше жизни. В детстве ее тянуло к медицине, но получить высшее медицинское образование (стать хирургом) ей не удалось. Сегодня ей почти все равно, чем заниматься, лишь бы достаточно платили. При этом деньги она не любит и тратит их легко и необдуманно, о чем позже слегка сожалеет, поскольку из-за отсутствия денег она больше года не может съездить проведать родителей.

Ирина работает снабженцем в частной фирме, а до этого она работала на заводе. Ее родители живут в одной из южных республик СНГ, но оттуда Ирина уехала более 10 лет назад. С тех пор она живет одна, но в последнее время свобода стала немного тяготить ее. Сильной любви в ее жизни не было, к сексу относится вполне спокойно, но удовольствия от него не получает.

Ирина имеет интересную внешность и мужчины активно интересуются ею. Но, столкнувшись с ее самостоятельностью, они исчезают из ее жизни. Или считают ее «своим парнем» и приходят к ней советоваться в трудных жизненных ситуациях. Больше всего к ней льнут худенькие, слабые и изнеженные юноши, которых она презирает. Сильные и самостоятельные мужчины (ее идеал) практически не встречаются.

Ирина хотела бы встретить обеспеченного и сильного мужчину и жить с ним как с равным партнером. Но ничего не выходит. В итоге, несмотря на огромную самостоятельность и уверенность в себе, Ирина не имеет семьи, денег, жилья, интересной работы. На здоровье пока не жалуется.

Диагностика ситуации

Основная проблема Ирины заключается в ее избыточной властности и независимости. Ирина уже с возраста 10 лет почувствовала, что она может желать и достигать в этой жизни всего, чего захочет. Еще в детстве, когда ей хотелось купить новую вещь, она не просила, а требовала ее у отца. В конфликтах ее достаточно властного отца с матерью она активно заступалась за мать.

Такую же позицию она занимала в дальнейшем в жизни. Несложно понять, что это типичная **идеализация своей способности контролировать окружающий мир, заставить его поступать так, как ей хочется.** Большая воля и уверенность в себе дают основания для такой идеализации. Создается впечатление, что жизнь прогибается под ее волей. Например, захотела жить самостоятельно, без помощи родителей,— и добилась этого. Но это кажущийся успех, поскольку реальных успехов в жизни нет.

Человек, ощущающий себя хозяином жизни, претендует на роль партнера или даже критика Бога, создавшего этот мир. Он недоволен миром и пробует его переделать по своему разумению. То есть Бог создал мир некачественно, и он берется его переделать.

Соответственно Бог (или, точнее, кармический «смотритель») принимает меры по разрушению идеализаций человека. Ему на деле доказывается, что, несмотря на данные ему способности, он ничего не может сделать в этом мире без поддержки Высших сил. Поэтому вся жизнь избыточно властного человека превращается в борьбу с неизбежным проигрышем в конце.

Еще одна **идеализация** Ирины — **осуждение слабых мужчин** (осуждение людей). Соответственно они просто мечтают прислониться к сильной (энергетически) женщине, чтобы она вела их по жизни. Слабые мужчины набиваются в друзья или любовники Ирины, но это доставляет ей только дополнительное раздражение.

Как мы рассказывали, властным и самостоятельным женщинам очень часто достаются безвольные, слабые и неприспособленные к семейной жизни мужчины, которые буквально садятся им на шею, позволяя добывать деньги, вести хозяйство, смотреть за домом и детьми и т. д. В порядке кармического воспитания человек всегда получает то, что он презирает или осуждает. И не получает того, чему придает избыточное значение.

По этому же правилу Ирина не может получить в мужья (или в поклонника) сильного мужчину, разве что в порядке его кармического «воспитания». Сильному мужчине нужна слабая женщина, чтобы **дома он мог отдыхать, а не сражаться.**

Еще одна **идеализация** Ирины — **ее отношение к деньгам.** Она не ценит деньги, даже презирает их, хотя и не может без них жить. У нее уже были десятки тысяч долларов (выигрыш в казино), которые она потратила без особых сожалений. Беречь и считать деньги она не умеет. Соответственно эгрегор денег не считает ее своим клиентом и не торопится «отсыпать» ей требуемую сумму. Тем более что Ирина не считает возможным просить у Высших сил денег, это противоречит ее системе взглядов на мир. Просить можно только для других, просить для себя — унизительно. Такая **гордыня** и надежда только на себя привели ее к закономерному финансовому кризису.

Пренебрежение к деньгам сочетается у Ирины с **избыточным доверием к людям.** Неоднократно она давала деньги взаймы или в рост и не получала их обратно. Тем не менее она не считает возможным потребовать хотя бы расписку с того человека, которому она доверяет свои деньги.

Такой набор идеализаций привел к закономерному результату — наполнению «сосуда кармы» на $^3/_4$ и соответствующему кармическому «воспитанию». В итоге у Ирины развалена вся жизнь — нет денег, любимой работы, жилья, семьи, любимого мужчины. Есть ощущение, что ты — хозяин жизни. Но это только ощущение, поскольку жизнь протекает мимо тебя.

Внутренняя сила — не гарантия решения проблем

Таковы проблемы сильных и энергичных людей. Наши рассуждения вовсе не означают, что **все** сильные и энергичные мужчины и женщины имеют подобные проблемы. Вовсе нет. Часть из них наработали модель ровных взаимоотношений со своим партнером и не стараются «выстроить» его и заставить шагать по своим командам. Выражаясь нашей терминологией, эти люди не идеализируют свои способности и не пытаются контролировать окружающий мир. В итоге они имеют возможность жить с другими, как сильными, так и слабыми партнерами.

И проблемы в построении семьи не всегда возникают только у избыточно сильных женщин. У избыточно слабых проблем не меньше.

Мы здесь оперируем энергетическими понятиями, хотя в целом с энергетикой не работаем. Но эти энергетические понятия наиболее явно выражают сущность человека, особенности его взаимодействия с миром. Поэтому мы не будем идеализировать нашу ментальность и будем пользоваться теми терминами, которые лучше всего описывают ситуацию. Из какой бы области жизни они ни были.

Итак, рассмотрим следующий случай.

Случай 8. Ирина, 28 лет, имеет высшее экономическое образование, работает в банке кассиром. Симпатична, замкнута, мечтательна, одинока.

Однообразная работа ей не интересна, поэтому она часто отвлекается в свои мысли и допускает ошибки в работе. Из-за частых ошибок к ней имеются претензии со стороны руководства банка, и она может лишиться работы. Так уже было несколько раз раньше. Но потеря работы ее мало волнует.

Ирина раньше занималась спортом (велосипед), немного рисовала, но все это осталось в прошлом.

Личная жизнь у нее складывается неудачно. Из-за большой скромности и погруженности во внутренний мир она избегает коллективных мероприятий, вечеринок, поездок за город. Поэтому в школе и институте ярких романов у нее не было. Три года назад она встретила парня и полтора года дружила с ним. Но потом отношения расстроились, и сейчас она погружена в воспоминания о нем и полна надеждами на возобновление отношений с ним.

Ирина живет с матерью, и у них часто происходят ссоры. Периодически мать «достает» ее своими поучениями, она взрывается и устраивает истеричный скандал. Затем несколько дней они живут мирно, после чего конфликт повторяется. Отец ушел из семьи лет десять назад, изнуренный постоянными конфликтами с матерью. Сейчас у него другая семья, но Ирина поддерживает с ним хорошие отношения.

Таким образом, у Ирины нет семьи, интересной работы. Она обижена на судьбу и на свою неудавшуюся жизнь.

Диагностика ситуации

В этом случае мы встречаем девушку с явно заниженной самооценкой. Она родилась впечатлительным, робким и мечтательным ребенком. Атмосфера скандалов в семье не способствовала раскрытию ее талантов. Родители, увлеченные выяснением своих отношений, не могли много внимания уделять своему ребенку. В целом, желая ей добра и руководствуясь своими идеалами, они буквально навязали Ирине учебу в экономическом вузе при полном отсутствии у нее интереса и способностей к этой однообразной и требующей большого внимания деятельности. Ее природная склонность к гуманитарным наукам или искусству родителями в расчет не бралась (логика здесь вполне житейская — сколько может заработать художник, а сколько — работник банка).

В итоге у Ирины возникли следующие ошибочные убеждения, мешающие ей жить.

Клапан 1: **осуждение себя, своего несовершенства**. Будучи ребенком мечтательным и чувствительным, Ирина очень эмоционально реагировала на все грубости и оскорбления, которыми так активно обмениваются подростки в детстве и юности. У нее сформировался комплекс неполноценности (программа осуждения себя), который предопределял все ее поведение в дальнейшей жизни. Она стала избегать шумных компаний, в одежде стала предпочитать бледные и бесцветные тона, бо́льшую часть свободного времени стала проводить дома за книгами и мечтаниями.

В итоге ее жизнь стала бесцветной и безрадостной. Некоторое удовлетворение она находила в книгах и в музыке, но это не способствовало ее процветанию во внешнем мире. Создался замкнутый круг: осуждая себя, она сторонилась людей и их развлечений. И люди, видя ее закрытость, не стремились к контактам с нею.

Ситуация усугубилась энергетическими взаимодействиями Ирины со своей матерью. Поскольку ее мать обладала совершенно очевидной **идеализацией своей способности контролировать окружающий мир**, она непрерывно поучала всех, как нужно жить. В итоге муж сбежал от ее поучений, и дочь тоже в силу своих возможностей разрушала ее идеал благополучной семьи. За эту идеализацию Природа стала перекрывать матери Ирины естественные источники поступления жизненных сил — из внешней среды.

Но жить-то ей хочется, поэтому ее организм стал искать другие источники жизненных сил. И нашел — сначала в организме мужа, затем — дочери. Она стала провоцировать их на вспышки гнева, во время которых она получала порцию жизненных сил, которых хватало на два-три дня. После этого опять возникал дефицит внутренних сил и нужно было вновь провоцировать скандал. Это типичные взаимоотношения «вампир–донор», где донором выступает Ирина, а вампиром — ее мать.

Таким образом, одной из причин пониженной энергетики (а следовательно, и самооценки) являлось энергетическое донорство Ирины по отношению к своей матери.

Второй причиной ее заниженной самооценки является **неконтролируемая и необузданная работа ее «словомешалки»**, то есть неуправляемой работы ума. Бег мыслей настолько захватывает и увлекает ее, что она перестает воспринимать окружающий мир. Отсюда появляются потеря внимательности и проблемы на работе. Интенсивно работающая «словомешалка» погружает ее в мир фантазий и идеализаций, создавая недовольство собой и окружающим миром. Одновременно она же **отнимает у Ирины остальные жизненные силы**, делая ее неспособной к успешному существованию в реальном мире.

Долой «словомешалку»!

Фактически **любая неконтролируемая работа «словомешалки» является психическим нападением на человека изнутри него же!** Человек с неконтролируемым бегом мыслей в голове может смело сказать про себя: **мой неконтролируемый ум нападает на меня и отнимает у меня жизненные силы!**

Именно он является причиной сомнений, переживаний, депрессий и других негативных состояний, мешающих благополучному и радостному отношению к жизни. Куда «словомешалка» откачивает наши жизненные силы — неизвестно. Скорее всего, к эгрегору несчастной жизни. Или куда еще. Но нам не очень важно — куда. А очень важно — чтобы этого не было!

У Ирины «словомешалка» запущена с самого детства. В некоторых профессиях это неплохо — для писателей или поэтов, например. Но для кассиров или экономистов это — гибель! Поэтому Ирине для повышения самооценки и снятия осуждения с себя необходимо остановить свою «словомешалку». Как это можно сделать, мы уже подробно рассказывали в других книгах.

Следующий открытый клапан: **идеализация семейной жизни, взаимоотношений между людьми.** Еще в детстве Ирина придумала себе «прекрасного рыцаря», который придет и заберет ее в обеспеченную и интересную жизнь. Подобные мечты, навеянные романами Грина и других романтических писателей, посещают в юности почти всех. Но затем для большинства подростков реалии жизни становятся сильнее романтических грез, и они начинают приспосабливаться к прозаической действительности. Для большинства, но не для всех. В силу природных особенностей (зрелой кармы, видимо) у Ирины работа «словомешалки» оказалась сильнее желания (или воли) к процветанию в реальной жизни. Годы шли, а она оставалась в мире грез, все больше отрываясь от мира реального.

В таком случае необходимы особое внимание и усилия для остановки «словомешалки» и развития умения адекватно воспринимать реальный мир. Но у родителей Ирины, занятых собственными проблемами, не хватило времени (или умений) для включения девочки в реальный мир.

Сегодня, уже во взрослом возрасте, Ирина сама ощутила свои отличия от большинства людей. Эти отличия вовсе не являлись источником гордости и удовольствия, а наоборот, привносили немалый дискомфорт в ее жизнь. Она не понимала причин своей невнимательности и частых депрессий. А ведь все это вызывала неконтролируемая работа «словомешалки»! **Стоит только обратить на нее пристальное внимание, как она остановится и большинство проблем останутся только в воспоминаниях.**

Поскольку Ирина держала в голове образ «прекрасного рыцаря» **(идеализация людей и семейной жизни)** и мало обращала внимания на реальных юношей, то, по общему правилу кармического «воспитания», ей в мужья должен был достаться мужчина властный (до самодурства), хамоватый, гулящий.

И действительно, на Ирину активно обращали внимание мужчины восточного происхождения. Так, замуж ее звали чеченец и грузин (которые обеспечили бы ей «воспитание» по полной программе). Но они настолько расходились с ее идеалом, что любовь не смогла победить разум. А другие юноши не могли «воспитывать» ее как следует, поэтому они исчезали из ее жизни. Единственный ее кавалер был татарином, но и он, видимо, оказался недостаточно «хорош» для полноценного «воспитания», и они расстались.

Еще один активно работающий клапан: **обида на жизнь** (в частности, на своих родителей). Активно работающая «словомешалка» уже давно сравнила реальную жизнь с той романтической моделью, которая существовала в уме Ирины. Конечно, реальная жизнь была гораздо хуже, что явилось основанием для обид на действительность. А **чем больше обид, тем хуже жизнь**, — именно так нас воспитывают, к сожалению. Мы бы наверняка предпочли другие, более гуманные, методы, но нашим мнением никто не интересуется. А могли бы.

Наверное, у Ирины еще слегка приоткрыт клапан: **неисполнение кармической задачи.** Большая мечтательность обычно является фактором, указывающим на предрасположенность к гуманитарным занятиям, искусству, творчеству. Родители Ирины не учли этой особенности и направили ее учиться туда, где можно больше зарабатывать.

Действительно, обычно экономист зарабатывает больше художника. Но для каждой профессии нужен свой набор качеств личности. Мечтательный экономист ничем не лучше художника без фантазии: оба не на своем месте. Конечно, усилием воли и с помощью специальных тренингов можно слегка переделать себя под требуемые качества. Но такие переделки все равно обычно не остаются без последствий. Остается **внутренняя неудовлетворенность** тем, чем ты занимаешься. А отсюда всего полшага до внутренних заболеваний.

У Ирины не было явных способностей или тяги к какому-то конкретному виду деятельности. Скорее всего, ее кармическая задача не состояла в конкретном виде деятельности, даже гуманитарной. Возможно, ее задачей было преодолеть робость и построить полноценную семью. Но, возможно, и что-то другое, пока непроявленное.

В данном случае мы встречаем ситуацию девушки с явно заниженной внутренней энергетикой. Она не идеализирует свои способности контролировать окружающий мир, но зато идеализирует взаимоотношения между людьми и другие ценности. За что с неменьшим успехом попадает под кармическое «воспитание».

Рассмотрим еще один пример, теперь уже с юношей, имеющим проблемы с любимой девушкой.

Случай 9. *Олег, одинокий молодой человек, 26 лет, образование среднее техническое. Работает водителем большегрузного автомобиля в дорожной службе города, заработок хороший.*

Год назад Олег познакомился с молодой женщиной, на два года старше его, с высшим образованием, разведенной. Он влюбился в нее, у них развился роман. На все его предложения о женитьбе она предлагала подождать, подумать, а в последнее время вообще предложила перестать об этом думать. Годом ранее она попросила своего первого мужа удалиться из семьи, поскольку он требовал от нее быть домашней хозяйкой, готовить ему завтрак и следить за домом.

Она несколько стыдилась работы Олега, хотя с удовольствием принимала от него подарки и даже просила покупать себе некоторые вещи. Отношения были достаточно ровные, хотя она вела довольно независимый образ жизни, не докладывая Олегу, где она провела эту ночь. Она могла ночевать в своей отдельной квартире (оставшейся от первого мужа), у матери или у подруг. Олега это раздражало, но он сдерживал в себе негативные эмоции и не высказывал претензий вслух. Ему также не нравились ее слабый интерес к сексу и явное стремление к красивой жизни. В принципе, он подозревает, что она не очень-то любит его, хотя она утверждает обратное.

До этого у Олега были романы с молодыми девушками, но они заканчивались по разным, не очень серьезным, причинам.

Олег живет в семье с матерью и отчимом. Его отец лет десять назад ушел из семьи, а до этого он сильно пил и конфликтовал с матерью. Его мать мягко, но достаточно властно управляла делами семьи. У Олега с ней прекрасные отношения.

Сегодня Олег очень опечален возможным расставанием со своей любовью, непрерывно думает об этом по ночам и не представляет себе жизнь без нее.

Диагностика ситуации

В данном случае мы встречаемся со случаем кармического «воспитания» молодого человека путем сведения его с девушкой, имеющей противоположную систему ценностей.

Система ценностей Олега понятна – он занимается физическим трудом, хорошо зарабатывает, любит работать руками. Он с удовольствием читает книги, иногда ходит в театр или на другие развлечения. Он немного замкнут и не любит шумных развлечений. По гороскопу он Лев, поэтому хочет ощущать себя хозяином в семье, иметь детей и благоустроенный быт. Поэтому его открытые клапаны очевидны. Это: **идеализация семейной жизни, ровных взаимоотношений, секса.**

Соответственно, в порядке «воспитания», ему дана любовь к девушке, которая любит общение, очень властна и энергична, стремится к росту своей карьеры и мало видит себя в качестве домашней хозяйки. Она старше Олега и никак не представляет его в качестве своего мужа. Скорее всего, он является ее «запасным» вариантом на то время, пока она не найдет что-то получше.

Если он настоит на своем и добьется женитьбы на ней, то «воспитательный» процесс вступит в полную силу. Но, скорее всего, так не будет. Он недостаточно плох для полноценного «воспитания» его любимой, разрушения ее системы идеалов. Поэтому брак или не состоится совсем, или распадется вскоре после его заключения.

Кроме перечисленных выше у Олега открыты еще несколько клапанов. Это: **обида на людей** (на своего отца), **осуждение людей** (самого себя за неумение добиваться своих целей, отчима за неправильное поведение в семье).

В принципе, он еще молод и его «сосуд кармы» пока что наполнен процентов на 40. Это очень хороший уровень, и если он поймет свои идеализации и позволит людям быть такими, как их создала Природа (Бог, Космос и т. п.), то жизнь у него может сложиться удачно. Отпадет необходимость осуществлять его кармическое «воспитание», и он сможет «заказать» себе такую жену, которая не будет его «воспитывать», а реализует все его пожелания (но не идеалы). У него могут быть счастливая семья, дети, уважение жены. И если у жены будут какие-то недостатки (на его взгляд), он должен позволить ей оставаться с ними, не пытаясь ее переделать и не раздражаясь на них внутри себя.

Таковы основные идеализации, которые чаще всего приводят к одиночеству. Именно чаще всего, поскольку вариантов причин возникновения одиночества может быть очень много.

Наши читатели могут еще раз проанализировать рассмотренные примеры и «примерить» их к своим проблемам или проблемам своих знакомых людей. Возможно, что-то может стать более понятным. А мы пока что подведем итоги этого параграфа.

ИТОГИ

1. Часто причиной возникновения одиночества девушки или юноши является набор идеализаций, который либо разрушается через одиночество, либо набор идеализаций так велик, что для полноценного «воспитательного» процесса трудно подобрать подходящего партнера, — поэтому он не появляется.

2. Если судьба сводит вместе сильную женщину и более слабого мужчину, претендующего на главенство в семье, то у него остается несколько выходов: остаться и признать первенство жены, уйти из семьи, погрузиться в работу, спиться или найти утешение у другой женщины.

3. Причиной одиночества и проблем в контактах с противоположным полом может быть и пониженная энергетика девушки (или юноши).

4. Пониженная энергетика вызывается чаще всего избыточно активной работой «словомешалки» человека. При остановке «словомешалки» повышается энергетика, пропадают избыточные сомнения, депрессии, упадок сил.

2.5. КОГДА УХОДИТ МУЖ

В этом параграфе мы рассмотрим несколько случаев, когда семейная жизнь еще теплится, но уже близка к завершению. Ситуация обычно одинаково неприятна обоим супругам, но поделать ничего нельзя. Многолетняя борьба и переделка друг друга привели к закономерному исходу.

Как и в предыдущих случаях, основными причинами появления подобной ситуации являются **идеализация семейной жизни, контроль окружающего мира, осуждение взаимоотношений между людьми, обида на жизнь** и некоторые другие ошибочные убеждения.

Рассмотрим еще один случай. Здесь номинально семья еще не распалась, но муж уже ушел к другой женщине. До развода всего один шаг, особенно если ничего не менять в текущей ситуации. Сделать что-то еще можно, но для этого нужно хорошо понять, за какие идеализации идет кармическое «воспитание».

Случай 10. Лариса, доцент вуза, замужем 30 лет, имеет сына. Умная, образованная, самостоятельная женщина.

Лариса вышла замуж по любви в студенческие годы. Брак был счастливым много лет — супруги имели общие интересы в науке, оба были преподавателями вуза (технического), вместе ездили в походы по стране, работали на даче и т. п.

С началом перестройки муж ушел в бизнес и стал руководителем небольшой, но успешно функционирующей фирмы. Появились деньги, возможность жить более свободно, удовлетворить потребности, о которых раньше можно было только мечтать.

Например, раньше они жили в однокомнатной квартире, но недавно муж купил двухкомнатную квартиру, куда они собираются переезжать. Но муж Ларисы не хочет переезжать с семьей в новую квартиру, а собирается остаться жить один в их однокомнатной квартире. Но такая модель семейной жизни очень не устраивает Ларису.

Конфликты в семье возникли после рождения ребенка — Лариса стала более требовательной и нетерпимой к мужу, особенно в последние годы. Возникли скандалы, взаимные упреки, оскорбления.

Три года назад у Ларисы появилась сильная боль в пояснице, которая мешала ей двигаться, выполнять функции жены, вызывала дополнительную раздражительность. Лекарства не помогали, поэтому она сама нашла специальные пищевые добавки, которые помогли очистить организм и изгнать болезнь. Но в последние два месяца болезнь обострилась вновь, и пищевые добавки уже не помогают.

Лариса помогает своим знакомым, консультирует их по способам лечения заболеваний, которыми овладела сама в процессе самоизлечения. Она с детства испытывала тягу к медицине, но под влиянием родителей и какого-то популярного кинофильма пошла учиться в технический вуз. Работает с удовольствием, студенты ее любят. Но внутри себя ощущает некоторую потребность оказывать помощь людям в лечении и реализует ее доступными способами.

Год назад ее муж полюбил другую женщину, коллегу по работе. Эта женщина старше него, имеет ребенка, замужем (но собирается развестись). Он периодически встречается с ней, практически живет на две семьи. Подобная *ситуация совершенно не устраивает Ларису, но все ее претензии не находят понимания у мужа.*

Диагностика ситуации

Лариса наработала за свою жизнь несколько ошибочных убеждений, за которые жизнь довольно активно «воспитывает» ее. Рассмотрим, по каким клапанам идет заполнение ее «сосуда кармы».

Первый открытый клапан: **идеализация семейной жизни.** У Ларисы имеется модель поведения мужа в семье — муж должен жить с женой в одной квартире, спать в одной кровати, периодически выполнять свои мужские обязанности и не смотреть на других женщин.

Пока существовали условия материальной ограниченности, у ее мужа не было возможности проводить «воспитательные» воздействия. Но после покупки отдельной квартиры ему захотелось попробовать пожить в условиях некоторой независимости (что является разрушением идеалов Ларисы). При этом он не собирается разводиться и сохраняет все обязательства по отношению к семье.

Второй клапан: **ревность.** Лариса идеализирует верность супругов. За много лет совместной жизни она никогда не изменяла мужу, и он, похоже, тоже. Но после рождения ребенка, и особенно во время болезни Ларисы, когда она не исполняла функции жены, муж начал посматривать на других женщин.

Поскольку Лариса предъявляла ему большие претензии, он был просто вынужден влюбиться в другую женщину — в немолодую, очень властную женщину того типа, который ему никогда не нравился (тем самым он попал под «воспитательный» процесс — его заставили полюбить женщину такого типа, который он осуждал или презирал). О своей влюбленности он рассказал Ларисе, вгоняя ее тем самым в дополнительную ярость. Он стал жить у новой женщины, приезжая домой 2—3 раза в неделю.

Таким образом, можно констатировать, что разрушение ревности Ларисы происходит через жизнь ее мужа с другой женщиной. Какой у нее может быть выход из этой ситуации? Изменить свой взгляд на мир, то есть позволить мужу попробовать пожить с другой женщиной. Скорее всего, этот опыт его не устроит — его новая женщина слишком властна, немолода и не очень красива. В случае снятия претензий к мужу ему незачем будет «воспитывать» Ларису и он, скорее всего, вернется к ней.

Следующий открытый клапан: **контроль окружающего мира.** Лариса, как очень энергичная и властная женщина, внутри семьи являлась лидером, неявно навязывая мужу свою модель взаимоотношений в семье. Это устраивало мужа долгие годы, пока он не имел оснований предъявить свои претензии на лидерство.

Но с ростом материального благополучия, создаваемого мужем (у Ларисы была только небольшая зарплата доцента вуза), у него появилась бóльшая потребность в уважении к себе и проявлении роли хозяина семьи. Он стал предъявлять претензии на роль хозяина дома.

Такое поведение мужа противоречило модели Ларисы о взаимоотношениях в семье, и она претензиями (оскорблениями, унижениями мужа) пробовала доказать свое право на лидерство. Результатом, естественно, были конфликты и дальнейшее разрушение семьи.

Чтобы спасти семью, Ларисе остается один выход — хотя бы на время изменить свою модель семейной жизни, например, позволить мужу жить с ней не в одной квартире. Так живут миллионы обеспеченных людей во всем мире. Объективных оснований для беспокойства за целость семьи у нее нет — ее муж разводиться пока что не собирается и будет выполнять все свои обязанности в случае снятия претензий к нему.

Еще один открытый клапан: **неисполнение кармической задачи.** Лариса с детства чувствовала тягу к медицине, но под сторонним влиянием пошла учиться в технический вуз. И хотя Лариса нашла «смежную» с медициной работу — преподавание, все-таки чувство внутренней неудовлетворенности у нее имеется. А такое чувство является явным индикатором того, что человек занимается не тем, чего хотела бы от него судьба.

После 40 лет этот клапан открылся, и в качестве «воспитательной» меры была применена болезнь позвоночника, которая инициировала ее изучение способов лечения. В дальнейшем она стала по мере возможности использовать свои знания в помощи другим людям.

Таковы основные источники заполнения «сосуда кармы» Ларисы, и только смена ее системы взглядов на жизнь может изменить ситуацию к лучшему. Причем речь не идет о возвращении мужа в семью — это дело специалистов по приворотам или другим экзотическим техникам. Наша забота — спокойствие и чистота души Ларисы, уменьшение количества накопленных ею грехов. А на этом пути главное — понять свои ошибочные взгляды на жизнь и попробовать изменить их. Можно, конечно, ничего не менять, но тогда усиление «воспитательных» процессов можно гарантировать. Так что выбирать свою систему взглядов на жизнь должен сам «воспитуемый».

А сейчас мы рассмотрим еще один случай, когда у энергичной и самостоятельной женщины развалилась семья — муж спился, а другого мужчины нет на ближнем горизонте. Ситуация, к сожалению, не редкая.

Случай 11. Татьяна, 40 лет, разведена, имеет дочку 12 лет, в последнее время не имеет работы.

Муж Татьяны спился, поэтому она вместе с дочкой ушла жить к своим родителям и выступила инициатором развода. Пьющий муж остался в их двухкомнатной квартире, превратив ее в помойку. Он иногда звонит Татьяне, просит денег, и она из жалости покупает ему продукты и оплачивает коммунальные услуги.

Татьяна работала исполнительным директором (по контракту) в частной фирме, получала очень приличный оклад (больше $ 1000 в месяц). Все ответственные решения принимали учредители фирмы, а Татьяна оформляла и выполняла эти решения. Отношения с учредителями были натянутые. На последней аттестации она не согла-

силась с несколькими пунктами нового контракта и ушла с работы по собственному желанию.

В последнее время очень увлеклась эзотерикой, прочитала массу специальной литературы, ей стали сниться сны, в которых участвовали Иисус Христос, Бог-отец и другие небожители, стала слышать «голоса». Она обратилась к нескольким ясновидящим, которые дали ей путаные сведения о грехах, совершенных душой ее дедушки девять инкарнаций назад. Она якобы сегодня расплачивается за те грехи.

Одновременно, несмотря на ее интересную внешность, на нее совершенно перестали обращать внимание мужчины, что нарушало ее планы на благополучную будущую семейную жизнь.

Во время рассказа о своей жизни в ее голосе явно сквозило осуждение своего никчемного мужа, которого она много лет пыталась направить на путь истинный, но он все равно скатился в пьянство. Муж — человек безвольный, но с большими претензиями и самомнением, которое он приобрел в детстве. Его родители занимали ответственные посты в партийном аппарате и помогали ему на первых шагах по жизни. Сейчас они отказались от него и перестали поддерживать с ним какой-то контакт.

Диагностика ситуации

В рассматриваемом случае можно выделить «воспитательные» процессы, применяемые жизнью по отношению к Татьяне и ее бывшему мужу.

Прежде всего можно отметить, что ее пьющий муж выступил кармическим «воспитателем» своих родителей, для которых, как работников партийного аппарата, очень многое значили нормы морали, общественное мнение, правильность и успешность поведения в жизни.

У самой Татьяны также идет активное кармическое «воспитание» за наличие ошибочных взглядов на жизнь. Итак, у нее открыты следующие клапаны «сосуда кармы».

Клапан 1: **осуждение поведения другого человека** (а именно — своего мужа). Поскольку Татьяна с юности являлась достаточно волевой женщиной, имеющей свой идеал семейной жизни, то ей в качестве «кармического воспитателя» был дан человек внутренне слабый, неуверенный в себе, требующий внимания и поддержки. Не встречая такой поддержки в семье и не имея возможности самореализоваться на работе, ее муж выбрал стандартный способ самоутверждения своей значимости и независимости — он стал выпивать. Видя осуждение и негодование со стороны жены, он перестал приносить домой деньги и стал пить практически ежедневно, благо доходы в одном из кооперативов позволяли делать это. Попытки Татьяны исправить ситуацию не дали результата, и она ушла от мужа.

Позже, прочитав массу эзотерической литературы, Татьяна попробовала простить своего мужа и даже немного сочувствовала ему, помогая материально и испытывая некоторую естественную брезгливость к тем условиям жизни, в которых он оказался. Но **многолетний груз** прошлых обид и негативных воспоминаний выбросить из себя совсем непросто, несмотря даже на сознательно принятое решение о прощении. Поэтому в голове у нее постоянно вращаются воспоминания и соответственно ее «словомешалка» задействована на полную мощность. На вопрос о том, существуют ли на свете люди хуже, чем ее муж, она долго не могла дать положительный ответ. Сложившийся внутри комплекс обид и негативных воспоминаний создал у нее образ несчастной, обиженной жизнью женщины, которой достался негодяй-муж.

Объективно это так и есть. Но если рассматривать ситуацию с точки зрения решения поставленной перед ней кармической проблемы, то она не была решена. Предоставленная ее душе возможность проявить милосердие, сочувствие, принятие ситуации с мужем не была использована. Многолетние скрытое презрение, осуждение, попытки исправить поведение мужа насильственным путем (вплоть до помещения в психиатрическую лечебницу) эффекта не дали. Кармический «воспитатель» оказался сильнее врачей и самой Татьяны, несмотря на все ее усилия.

Следующий открытый клапан: **гордыня, завышенная самооценка.** Поскольку Татьяна работала в бизнесе, то высокая самооценка там просто необходима для успешного ведения дел. Но иногда высокая самооценка переходит в гордыню, когда наемный работник (в принципе, он «винтик» большого механизма) начинает в душе осуждать действия своего руководства. И вместо объективных и открытых шагов по исправлению возможных ошибок в делах (благо ее должность директора это позволяла) она стала скрытно обижаться, конфликтовать, обсуждать поведение начальства с сотрудниками фирмы, то есть пошла по неконструктивному, эмоциональному, пути. «Воспитательный» результат не замедлил с реализацией — она оказалась без высокооплачиваемой работы. Хотя с ее квалификацией найти подобную работу нетрудно, и она об этом знает.

Клапан 3: **идеализация людей и их честности.** Татьяна обижалась на свое руководство за его нечестность, стремление все доходы забрать себе, а не делиться ими с сотрудниками. Но ведь целью любого бизнеса является зарабатывание как можно большего числа денег. Бизнес — не благотворительность, и поведение ее руководства вполне понятно. А у Татьяны сложился в уме образ идеального руководителя, который заботится в первую очередь о подчиненных и лишь затем о себе. Следовательно, скорее всего, на следующем месте работы ей попадется руководитель с еще более худшими качествами. И так будет до тех пор, пока она не откажется от этой идеализации и не перекроет этот клапан.

Клапан 4: **идеализация своих способностей, духовности.** В результате быстрого прочтения большого количества (более 50) самых разных эзотерических книг может нарушиться психика даже у самого здорового человека. Особенно если часто ходить по различного рода ясновидящим и не обращать внимания на реальные сигналы, которые посылает тебе жизнь. А ведь кармическое «воспитание» Татьяны идет довольно активно: семьи нет, работы нет, своего жилья нет, мужчины уже долгое время не обращают на нее внимания. Болезни также имеют явно выраженную кармическую природу. Но зато у нее есть некоторые видения и даже «голоса» (неизвестного происхождения). Альтернатив дальнейшего развития ее жизни может быть две (с некоторыми вариациями).

Первый путь — это продолжить поиск толкований своим «голосам» и видениям. Исходя из наличия у нее немалой гордыни, несложно предсказать, что со временем мы могли бы получить человека с большими заявками на святость и исключительность. При этом человек перестает жить в этом мире, и соответственно к нему по полной программе применяется кармическое воспитание. У него не будет работы, денег, жилья, здоровья, возможны проблемы с ребенком.

Второй путь — остаться жить в этом мире, поняв свои идеализации, и не придавать излишнего значения малопонятным «голосам» и видениям. В итоге человек может преуспеть на работе и построить полноценную семью. Одновременно ничто не мешает ему повышать свою духовность путем изучения различных религий, эзотерических школ или идти к высокой духовности своим путем, даже с помощью подсказок со стороны своих «голосов».

Какой выбрать путь — решать самой Татьяне. Ее покровители из Непроявленного мира поддержат любой вариант, лишь бы он был осознан и принят ею самостоятельно. А сделав выбор, она не должна обижаться на последствия. Такова жизнь — мы сами делаем выбор и затем пожинаем плоды своих решений.

А сейчас мы рассмотрим еще один пример.

Случай 12. Светлана, 36 лет, мягкая и симпатичная молодая женщина, мать двоих детей (в возрасте 6 и 12 лет). Полгода назад от нее ушел муж, что доставляет ей большие страдания. Развод по его просьбе был оформлен.

Последние 6 лет Светлана не работала, муж-предприниматель обеспечивал семью, хотя и без излишков.

После ухода мужа Светлана вынуждена была пойти на работу, но основным источником дохода является все-таки муж, который дает деньги на учебу детей в частной школе и на текущие расходы.

Брак длился 15 лет, причем муж Светланы сам всегда осуждал мужей, которые оставляют семьи. Сейчас он сделал это сам, влюбившись в другую женщину, коллегу по бизнесу, имеющую двух детей и старше его по возрасту.

Светлана имеет мягкий, уступчивый характер. В семье она никогда не имела явных личных интересов. Практически она всегда жила интересами мужа, что иногда раздражало его. Ее муж был увлекающийся, энергичный человек, постоянно захваченный новыми идеями. Соответственно в его жизни успехи чередовались с провалами, и деньги то появлялись, то надолго исчезали в их семье. Светлана никогда не роптала на периодическое отсутствие денег, но ее слегка раздражали идеализация жизни и переменчивость интересов мужа.

В последний год перед уходом ее муж, несмотря на успехи в бизнесе, стал раздражительным, много выпивал, допоздна задерживался на работе. Светлана хотя и не представляла себе жизни без мужа, тоже испытывала некоторое раздражение от его поведения. Сегодня Светлана хотела бы, чтобы муж вернулся. Хотя она уже начала привыкать к свободной жизни и даже стала получать от этого некоторое удовольствие.

Диагностика ситуации

В данной семейной драме мы можем видеть явные «воспитательные» кармические воздействия, которые применялись по отношению к обоим супругам.

Например, ее муж осуждал других мужчин, которые бросили свои семьи (клапан: **осуждение других людей**). Соответственно по третьему правилу кармического «воспитания» за осуждение других людей он вынужден был сам поступить так же.

Следующая идеализация мужа – осуждение мягких женщин, не имеющих собственных целей и живущих интересами мужа (клапан: **осуждение других людей**). Иногда, особенно в моменты провалов в делах, ему хотелось бы иметь рядом властную и самостоятельную женщину, на которую можно было бы переложить часть проблем. Его жена была не такой, что вызывало его недовольство (хотя объективно его жена представляла собой идеальный для многих мужчин тип женщины). Теперь, после прихода к новой жене, в качестве меры «воспитания» он получит жизнь «под каблуком» очень властной женщины, старшей его по возрасту.

У Светланы тоже был ряд идеализаций. Это **идеализация благополучной судьбы и благополучной семейной жизни.** Поскольку она не представляла себе жизнь в неполной семье, в порядке кармического «воспитания» она была поставлена в необходимость получить этот опыт.

Поскольку Светлана никогда не роптала на недостаток денег, то по этой идеализации ее не было необходимости воспитывать. Поэтому даже в разводе она не испытывает проблем с деньгами.

Еще одна идеализация Светланы — **ревность**, которую она испытывала в течение всего брака, хотя реальных оснований для нее не имела. Ревность почти всегда воспитывается путем измены или ухода к другой женщине. Что как раз и имело место в ее случае.

Кроме того, Светлана придавала избыточное значение взаимоотношениям, женской мягкости, гибкости, включенности в жизнь мужа, защищенности мужской опекой. Следовательно, в порядке кармического «воспитания» она должна была получить опыт самостоятельной жизни. Что она и будет иметь в избытке после развода.

Случай 13. Галина, 35 лет, замужем второй раз, имеет двоих детей.

Галина воспитывалась в семье, где родители постоянно устраивали ссоры, чем немало отравляли ей жизнь. Галина для себя решила, что в ее жизни скандалов не будет, и твердо придерживается этого решения.

Но ее первый муж оказался пьяницей и истериком, устраивая дома громкие скандалы с привлечением соседей в качестве зрителей. Галина пять лет терпела его выходки, после чего с ребенком ушла к родителям, где тоже продолжались далеко не мирные взаимоотношения. При любом конфликте она молчала и только позже потихоньку плакала, обижаясь на жизнь.

Через пять лет Галина сознательно выбрала себе в мужья тихого и флегматичного мужчину, совершенно не склонного к скандалам. Он был единственным ребенком у очень властной матери, которая всячески опекала его.

Свекровь не препятствовала браку Галины со своим сыном. Первое время супруги жили в комнате у Галины, но после рождения второго ребенка переехали в квартиру к свекрови. И тут Галину встретил такой поток брани и оскорблений, что через месяц с грудным ребенком она вынуждена была вернуться в свою комнату в коммунальной квартире далеко за городом. Ее муж остался жить с матерью, которая всячески старается их развести. Он навещает Галину каждые выходные, дает ей денег и считает, что ситуация нормальная. Сейчас, когда ребенку исполняется три года, Галина хочет выйти на работу по специальности. Но там, где она сейчас живет, подходящей работы нет, а ездить в город далеко и долго, чего она не может себе позволить из-за маленького ребенка. Вернуться в квартиру к свекрови она не может, поскольку там ее ждут оскорбления и брань. Как быть, она не знает.

Диагностика ситуации

Анализ происходящих в жизни Галины событий довольно четко показывает, за какие ошибочные убеждения к ней применяются довольно неприятные «воспитательные» воздействия.

Скорее всего, Галина попала под кармическое «воспитание» по третьему правилу разрушения наших идеализаций. Если помните, это правило говорит о том, что если человек что-то осуждает в этой жизни, то он сам вынужден стать в ту ситуацию, которую он осуждает.

Совершенно очевидно, что Галина с детства осуждает далеко не гармоничные взаимоотношения своих родителей. У нее широко открыты клапаны: **осуждение людей** (родителей) и **обида на жизнь**, по которым заполняется ее «сосуд кармы».

Поскольку обида и осуждение есть, то **жизнь Галины должна была сложиться так, чтобы в ее собственной семье скандалы стали обычным явлением и она стала их участником.**

Именно этого добивался ее первый муж. Ведь не случайно из множества мужчин ей достался истерик и скандалист, который постоянно провоцировал ее на вспышки гнева. Если бы она позволила себе поучаствовать в скандале, то «воспитание» прошло бы успешно. Но она твердо запрограммировала себя на ровные отношения и не позволяла себе повышать голос на мужа, какие бы фортели он ни выкидывал. Тем самым «воспитание» не реализовалось!

Уйдя от первого, скандального, мужа, Галина сознательно выбирает себе спутника жизни, имеющего ту же систему ценностей, что и у нее. Вроде бы выбор сознателен, никакого любовного «оглупления» не было, так почему бы не жить в соответствии со своими идеалами?

Если исходить из человеческой логики, все так и должно было сложиться. Но это по человеческой логике, а кармическая логика — она совсем другая. Поскольку Галина не поддалась «воспитанию» на первом этапе, оно должно было быть продолжено. Поскольку у супругов одинаковые системы ценностей (идеализация взаимоотношений), то они должны были попасть под кармическое «воспитание» напару. И «воспитывать» их легче всего их ближним — детям, родителям, соседям по коммунальной квартире и т. п. Дети еще маленькие и не могут принять на себя эту «почетную» обязанность. Поэтому «инструментом» кармического «воспитания» выступила свекровь, которая стала провоцировать Галину на вспышку простых человеческих чувств (гнева, ругательств и т. п.).

Поскольку Галина не стала проявлять эти естественные и популярные человеческие чувства и предпочла остаться воспитанной женщиной, то ее жизнь и жизнь ее мужа стали довольно дискомфортными. И, скорее всего, так будет продолжаться до тех пор, пока Галина не снимет осуждение своих родителей и не простит их полностью. Простить обиды, которые накапливались годами,— дело не простое. Все обиды накапливаются в виде негативных мыслеформ в нашем теле эмоций и вычистить его без остатка обид — дело нелегкое. О некоторых приемах подобной чистки мы расскажем в следующей главе нашей книги.

А пока подведем очередные итоги.

ИТОГИ

1. Типичными ошибочными убеждениями, приводящими к развалу семьи, являются контроль окружающего мира, ревность, осуждение поведения других людей, ровные взаимоотношения.

2. Иногда избыточная мягкость и деликатность женщины не ценится (осуждается) мужчиной, который в итоге попадает под кармическое «воспитание» через властную женщину.

3. Наиболее ровные и гармоничные взаимоотношения возникают между людьми, имеющими одинаковые интересы (работа, увлечения) и близкие системы ценностей. При наличии общих идеализаций они могут попасть под кармическое «воспитание» сразу вдвоем.

2.6. ПРОБЛЕМЫ ЖЕН «НОВЫХ РУССКИХ»

Название этого параграфа, конечно, условное. В нем пойдет речь о типовых идеализациях тех жен, которые **несколько лет не работают,** поскольку их мужья материально обеспечивают семью. Причем уровень доходов мужа может быть самый различный — от «крутого» достатка до вполне средней обеспеченности, позволяющей не бедствовать, но и особо не роскошествовать.

Такие жены обычно занимаются воспитанием одного-двух детей. Пока дети маленькие, матери хватает с ними забот с утра до вечера. Но вот когда они подрастают и уходят в детский сад или в школу, то у матери появляется много свободного времени. Времени много, а умения потратить его с удовольствием нет. Наши женщины воспитывались в условиях социализма, когда все работали и приносили деньги в семью. Отдыхать годами почти никто не имел возможности и почти никто не умел делать это с удовольствием. Ведь убивать целые годы без всякой полезной отдачи — это тоже большое искусство, и учиться ему нужно с детства.

Далеко не все жены ныне прилично зарабатывающих мужей владеют этим искусством. Оставшись одна дома, такая привыкшая к бегу и постоянной занятости женщина начинает испытывать неудовлетворенность и свою заброшенность. Она начинает страдать перепадами давления или головной болью, скандалить по поводу и без повода и всячески отравлять жизнь мужу.

И это в то время, когда муж обеспечивает семью и вправе рассчитывать на покой и уважение у себя дома, куда он приезжает отдыхать, а не продолжать борьбу. Если жена не изменит свое отношение к мужу, то развод неизбежен, невзирая на количество детей. И в следующий раз муж, скорее всего, найдет себе более молодую и гибкую жену, которая больше будет ценить свободное время и будет благодарна мужу за предоставленную возможность жить обеспеченно и в свое удовольствие. И молодую не столько потому, что с молодой жить интереснее,— далеко не всегда так. А скорее потому, что молодая жена больше будет уважать обеспеченного мужа и платить ему благодарностью и вниманием. Хотя относительно верности можно особенно идеализациям не предаваться.

Так вот, можно ли что-то сделать, когда ситуация в семье с многолетним стажем семейной жизни накалилась? Скорее всего, можно. **В первую очередь должна измениться жена**, поскольку она является материально зависимой стороной и при продолжении конфликта в первую очередь пострадает именно она. Что же можно ей порекомендовать? Только одно — **понять свои идеализации и усилием воли отказаться от них.** Из любой ситуации есть выход, и если она сумеет понять причины проблем и найти выход, устраивающий обоих, то ситуация разрядится. Рассмотрим пример.

Случай 14. Женя, 38 лет, мать двоих детей (6 и 12 лет), домохозяйка. Муж Жени — бизнесмен, имеет хотя и неустойчивые, но довольно большие доходы.

Женя получила высшее экономическое образование, работала на предприятии и готовилась к защите диссертации. Но после брака (по любви) и рождения первого ребенка она перестала работать и стала домохозяйкой. Дети отнимают все ее время, поскольку старшего после одной школы нужно проводить в другую, а младшего тоже нужно развозить по разным кружкам или секциям. Забота о детях занимает все ее время, хотя в душе растет неудовлетворенность.

А неудовлетворенность вызвана тем, что муж перестал делиться с ней своими проблемами, не рассказывает о делах. Придя домой, он читает или смотрит телевизор. В крайнем случае, он возится с детьми. Жена для него стала чем-то вроде домашних тапочек, которые должны всегда стоять в нужном месте и быть готовыми к тому, что их используют. Позиция «домашних тапочек» Женю не устраивает, поэтому она периодически устраивает мужу разборки. Ему предъявляются претензии типа: почему ты со мной не считаешься? Почему я все время одна, а ты занят своими делами?

Внешне все выглядит вполне благопристойно, но на душе у обоих супругов от этого не легче. В итоге муж старается меньше времени проводить дома, что является дополнительным поводом к появлению у Жени ревности. У нее накапливаются недовольство жизнью, хроническое раздражение, и она начинает подумывать о том, чтобы выйти на работу или даже развестись.

Диагностика ситуации

Основной проблемой Жени является наличие в ее голове **модели идеальной семьи**, в которой муж делится с женой всеми проблемами, советуется с ней и считает ее равноправным партнером в своих делах. Возможно, на начальной стадии брака, когда они оба были инженерами и вместе строили свои карьеры, все так и было. Но с тех пор ситуация кардинально изменилась. Женя, захваченная на много лет воспитанием детей, остановилась в своем деловом росте. А ее муж в последние годы сделал резкий рывок и стал преуспевающим бизнесменом. Объективно **системы их взглядов на жизнь сильно изменились.** Но Женя живет своими идеалами, в которых супруги равны и во всем между собой советуются. Соответственно ее муж поступает совсем другим образом. Ему хватает совещаний на работе, а дома он хочет отдохнуть, а не обсуждать свои проблемы в очередной раз. За право отдыхать он платит большие деньги, и его очень раздражает то, что человек, живущий результатами его труда, еще и треплет ему нервы. Никакой благодарности!

Естественно, у него в голове тоже сложилась **модель идеальной жены**, которая воспитывает детей, смотрит за домом и ласкова с мужем. Она не лезет в его дела, поскольку ничего в них не понимает. Квалификации у нее нет, поэтому советоваться с ней нет никакого смысла.

Поскольку у него есть такой идеал, то по первому правилу кармического «воспитания» жена должна его разрушать. Поэтому вместо того, чтобы быть ласковой домашней «кошечкой» или даже «любимыми домашними тапочками», она устраивает разборки и требует уважения. Тем более что у нее серые глаза, так что энергии для разборок хватает.

Подобная причина лежит в основе разводов в многих семьях, резко повысивших в последнее время уровень своего материального благосостояния. Когда при социализме все жили в примерно равной бедности, особых причин для подобных идеализаций не было. Оба супруга работали и добывали деньги для семьи. Соответственно уровень их квалификации не очень отличался и они могли советоваться друг с другом.

Но вот ситуация изменилась: муж стал руководителем банка или крупной фирмы, жена — домохозяйкой. С точки зрения мужа он и так все знает, ему совсем незачем с кем-то советоваться. Тем более с женой, которая далека от его дел и ничего, кроме основанных на здравом смысле суждений, высказать не может.

А жена, насытившись дорогими тряпками и парфюмерией, почувствовала свою ненужность и стала предъявлять права на свою значимость. Если бы она с детства воспитывалась в богатстве, она бы нашла чем себя занять. Но наши женщины воспитывались при социализме, и у них остался дух бойца и строителя светлого будущего. Поскольку ее «строительный» потенциал не востребуется, то она начинает предъявлять его в достаточно конфликтной форме. В итоге довольно часто муж сбегает к другой женщине, которая не претендует на партнерство, а довольствуется использованием предоставленных им материальных благ. Обычно это молодые девушки, воспитанные в эпоху перестройки и не стремящиеся стать бойцами на поле жизни.

Отсюда вытекает простая рекомендация обеспеченным домохозяйкам: если чуть уменьшить идеализацию собственной значимости и чуть увеличить внимательность и уважение к кормильцу, то все будет в порядке. И соответственно наоборот.

Рассмотрим еще один, нетипичный, случай.

Случай 15. *Галина, 28 лет, живет в небольшом городе, замужем, домохозяйка. Имеет двух детей в возрасте 3 и 5 лет.*

С мужем отношения хорошие. Иногда случаются ссоры по мелочам, но Галина всегда сознательно уступает мужу, даже если он неправ (с ее точки зрения). Муж занимается коммерцией, но уровень доходов у него небольшой (он частный предприниматель).

Галина имеет начальное медицинское образование, работала в больнице медсестрой. От работы получала большое удовлетворение.

После рождения первого ребенка на работу не возвращалась. Последний год оба ребенка ходят в детский сад, и Галина остается дома одна. Отец у нее умер несколько лет назад, мать вторично вышла замуж и уехала в другой город. Когда Галина остается одна, ее одолевают страхи, сомнения, обиды и другие чувства.

Примерно год назад Галина почувствовала недомогание, апатию, депрессию, боли в груди. Проверка у врачей показала, что с внутренними органами у нее все в порядке. Обращения к различным экстрасенсам давали эффект, но не долгий.

Диагностика ситуации

Проблема этой семьи лежит даже не столько в идеализациях, сколько в неправильном использовании заложенных природой ресурсов.

Галина имеет серые глаза. Это обычно означает, что природа предназначила ей быть **энергодонором**. Ее муж тоже сероглаз, так что она не может поделиться с ним избытком своих жизненных сил, — у него своих хватает.

Когда она работала в больнице, она сочувствовала больным и тем самым делилась с ними своими жизненными силами. Потом были дети, которые отнимали у нее все силы. Но вот дети подросли и пошли в детский сад, и у Галины не осталось сферы приложения жизненных сил.

Неконтролируемый ум — энерговампир

Но, как говорит пословица, свято место пусто не бывает. **Энергопотребителем избыточных жизненных сил выступил ее собственный ум**, который начал строить различные негативные модели будущего. **Что такое страхи?**

Это планирование неизвестного будущего с негативным исходом. Как от них избавиться? Очень просто — нужно остановить планирование. То есть остановить «словомешалку».

Поскольку Галина сознательно подавляет у себя различные идеализации и почти не имеет претензий к мужу, детям, матери, другим родственникам, то ее ум вынужден строить **специфические модели**. Это модели негативного будущего, под которыми нет никаких реальных оснований. Объективно у Галины довольно благополучная жизнь, а ее неконтролируемый ум строит модели различных несчастий и негативных событий, втягивая ее в беспочвенные эмоциональные переживания. А поскольку Галина никак не обуздывает этого пожирателя ее жизненных сил, он разошелся настолько, что **этих сил стало не хватать**. У нее появились слабость, депрессия, боли в груди. Эти симптомы — следствие **упадка жизненных сил**, которые переработал и отослал к эгрегору несчастной жизни ее собственный ум. То есть она **испытала психическое нападения на себя внутри себя же.** Ее ум напал на нее же! Он строил модели несчастливого будущего, она эмоционально реагировала на них и лишалась сил. Наверняка большинство из наших читателей могут сказать то же самое о своем собственном уме.

Но кроме нападения со стороны неконтролируемого ума Галина подвергается и стандартному **кармическому «воспитанию».**

Например, отец у нее был очень хозяйственным и многое делал по дому. Соответственно у нее сложился в голове образ мужчины, который выполняет все работы по дому **(идеализация мужчин и семейной жизни)**. Чтобы разрушить эту идеализацию, ее вполне благополучный и любимый муж не хочет ничего делать по дому. Она сама вынуждена чинить бачок в туалете, менять электролампочки и клеить обои. Мужу это неинтересно, он очень устает на работе, и до домашних дел руки не доходят.

Еще одна идеализация — это специфическая **модель семейной жизни**, когда женщина сидит дома и ведет хозяйство. Это очень хорошая модель для тех, у кого есть загрузка дома — дети, хозяйство, родители и т. д. У Галины такой загрузки нет, а есть данная Природой высокая энергетика. Человек с высокой энергетикой чаще всего не имеет возможности быть на роли «домашних тапочек». Ему нужна сфера активного применения своих жизненных сил. Если их нельзя потратить дома, то нужно отдать их другим людям, в социуме. Поэтому Галине может помочь работа, к которой она испытывает тягу. Как раз работа в больнице дает прекрасные возможности поделиться с больными своими избыточными жизненными силами.

Других идеализаций у Галины почти нет. Есть легкая *обида на мать* в том, что она уехала и разрушила ее модель большой семьи, в которой живут родственники всех поколений. Но она совсем небольшая и не может служить причиной заболевания. Собственно кармического «воспитания» по отношению к Галине практически не применяется (заполненность ее «сосуда кармы» порядка 45%). Ее проблема в основном лежит в сфере энергетики (эфирный план) и распущенности ее ума. Так что исправление ситуации — дело ее рук и воли.

Рассмотрим еще один случай.

Случай 16. Татьяна, 39 лет, имеет дочь 14 лет, замужем 15 лет, но последние три года муж с ними не живет. Татьяна работает в инофирме и имеет хороший заработок.

Три года назад она с дочерью сама ушла от мужа после того, как мужу сообщили, что она встречалась с другим мужчиной. И хотя эта связь на стороне была недолгой и прекратилась полгода назад, этого было достаточно для изнурительных приступов ревности со стороны законного супруга.

После ее ухода (в снятую квартиру) муж продолжал их посещать, у них продолжалась активная интимная жизнь, хотя каждую ночь он уходил ночевать в свою квартиру. Но последний год ситуация ухудшилась — у мужа Татьяны появилась молодая женщина, он даже ездил с ней отдыхать за рубеж (о чем он с удовольствием уведомил Татьяну).

Одновременно в течение последнего года он еженедельно звонил Татьяне, говорил о своей любви к ней, что ему ее не хватает и пр., что она довольно критически выслушивала и также комментировала.

В детстве Татьяна воспитывалась в семье с очень властной матерью. Ее отец полностью погрузился в работу и во всем соглашался с матерью (но делал все по-своему), что, однако, не помогало ему избегать скандалов, которые могли произойти по любому поводу. Семья жила обеспеченно: отец хорошо зарабатывал на руководящих должностях в производстве.

Первые 12 лет семейная жизнь Татьяны складывались вполне благополучно, причем она всегда зарабатывала много больше мужа. Соответственно в семье Татьяна была неформальным лидером, хотя и пыталась реализовать модель семьи с супругами — равными партнерами.

Ее муж всегда претендовал на роль главы семьи и довольно часто выпивал. И только в последние три года он резко вырос в должности и стал зарабатывать большие деньги. В частности, по просьбе Татьяны он купил ей и дочери двухкомнатную квартиру, в которой они сейчас живут.

Сегодня Татьяна находится в растерянности. С одной стороны, она формально замужем. Но муж живет в их бывшей квартире с другой женщиной и вроде бы собирается на ней жениться. С другой стороны, ей не хочется остаться одной и она бы хотела, чтобы муж к ней вернулся. Но что для этого нужно сделать, она не знает.

Диагностика ситуации

Ситуация у Татьяны достаточно сложна и проста одновременно. Татьяна — самостоятельная и властная женщина, прирожденный лидер. Соответственно в своей семье она тоже заняла позицию лидера, хотя и не делала это так открыто, как ее мать. В детстве она натерпелась много обид и унижений от матери и приняла твердое решение, что она никогда не будет так вести себя в своей семье. Значит, первый открытый клапан в ее «сосуде кармы» — это **осуждение других людей.** В частности, поведения ее матери. Это осуждение и сегодня еще не снято, поэтому в порядке кармического «воспитания» по третьему правилу **Татьяна должна оказаться в той же ситуации, что и ее мать.** То есть она должна поучать своего мужа, как ему жить, а он должен кивать головой и делать все по-своему. Фактически так оно и происходит в настоящее время.

Следующий открытый клапан: **контроль окружающего мира.** Татьяна — властная и самостоятельная женщина, всегда твердо шагавшая по жизни. Соответственно у нее сложилась устойчивая модель того, как все должно происходить вокруг нее. И если что-то происходит не так, она старается исправить ситуацию. Но, как видим, ее желания не всегда совпадают с ее возможностями. На работе у нее все получается, а дома возникли большие проблемы.

Следующий открытый клапан: **идеализация семьи.** Татьяна не представляет себе жизни без мужа, хотя жизнь уже три года доказывает ей, что может быть и так, и этак. Муж может быть, и его может не быть. Причем одновременно, как это имело место в ее случае.

Ее модель семейной жизни допускает флирт на стороне, поэтому она иногда поглядывала на других мужчин. В соответствии с первым способом кармического «воспитания» ее муж идеализировал противоположную ценность — женскую верность и сильно ревновал ее. Особенно после получения сведений о ее похождениях на стороне.

Еще один открытый клапан: **идеализация поведения людей.** Татьяна удивляется нелогичности и странности поведения мужа — он постоянно звонит и объясняется ей в любви и одновременно едет на отдых с другой женщиной. Зачем он так делает? Она бы не стала так поступать.

Татьяна оценивает поступки другого человека, исходя из своего восприятия мира и своего состояния здоровья. Точнее, своей энергетики. А она у нее с детства очень хорошая, что уже привело к нескольким идеализациям. У ее мужа ситуация с энергетикой хуже — он претендовал, но не смог стать хозяином в семье.

Значит, энергообмен в семье шел от Татьяны к мужу. Она было донором, он — принимающей стороной. Он привык к такой «подпитке» и не хотел терять ее, пока не получил равноценной замены. Поэтому он постоянно звонил и поддерживал внимание и мысли Татьяны на себе.

Но теперь ситуация изменилась. Став обеспеченным, ее муж смог реализовать свои претензии на лидерство. Он нашел себе новую женщину, которая будет ценить его и не будет стараться стать хозяином в семье. Во всяком случае, так будет в первое время. Она же даст ему сочувствие, внимание, уважение, покорность — как раз то, чего не хватает многим мужчинам для того, чтобы испытывать полный комфорт у себя дома.

В данном случае Татьяне довольно сложно отыграть ситуацию назад, поскольку ее муж уже нашел другую женщину. В этой ситуации важно не впасть в обиды и осуждение мужа и жалость к себе. Если Татьяну одолеют эти традиционные женские эмоции, то «сосуд кармы» скоро наполнится и у нее возникнут проблемы с другими мужчинами, со здоровьем и т. д. Объективно она уже имеет трехлетний опыт самостоятельной жизни, и оснований для особых переживаний быть не должно. Склеить старую семью, наверное, можно, но очень сложно. Ей, обладающей большим жизненным потенциалом, значительно проще «заказать» другого мужчину и попробовать строить семейную жизнь еще раз, уже не повторяя прошлых ошибок. Может быть, кому-то не понравится эта рекомендация, но что делать. Большинство женщин в подобной ситуации предпочитают дать свободу своей «словомешалке» и на года погружаются в переживания и обиды, накапливая грехи и получая за это «воспитательные» воздействия от своего же «смотрителя».

Такова жизнь, как бы мы ее ни оценивали. Она может предъявлять нам самые разные расклады ситуаций, но в итоге все сводится к одному — что бы ни случилось, желательно избегать избыточных эмоций, особенно негативных. Этому учит нас основное кармическое требование, если вы еще помните что-то о нем.

А мы пока подведем очередные итоги.

ИТОГИ

1. Часто причинами конфликтов в семьях, где жена является домохозяйкой и живет на обеспечении мужа, являются ее неудовлетворенность собственной значимостью и кажущееся неуважение со стороны мужа. У жены возникает постоянное раздражение, которое она предъявляет мужу, желающему видеть дома покой и уважение. В итоге муж вынужден уйти к другой женщине, которая предоставит все это (может быть, даже вместе с любовью) в обмен на его материальный достаток.

2. Другой причиной внутренней неудовлетворенности женщины может стать избыток жизненных сил, которые ей некуда приложить, особенно после подрастания детей. Она выливает этот избыток сил на мужа, причем в не очень дружественной форме. Итог все тот же.

3. В некоторых случаях женщина не выливает свои силы на мужа, а направляет их на внутренние переживания, то есть на обеспечение активной работы «словомешалки», которая осуществляет психическое нападение на нее изнутри нее же. Результатом являются неудовлетворенность жизнью, депрессии, болезни соматического (нервного) происхождения.

4. Основной «целебной» процедурой в таких ситуациях является принудительная остановка «словомешалки» и поиск места приложения жизненных сил (исключая мужа).

2.7. ЕСЛИ РЕБЕНОК – НАРКОМАН

В этом параграфе мы хотели бы рассмотреть случай, когда кармическое «воспитание» принимает еще одну неприятную форму – пристрастие к наркотикам. Поскольку эта болезнь (болезнь ли?) получает в последние годы довольно широкое распространение, то, может быть, и наши рекомендации смогут оказать какую-то помощь читателям книги.

Итак, представим, что ваш ребенок — наркоман. Кого может обрадовать такая ситуация? Естественно, никого, но тем не менее так случается, и не очень редко. Что же могло привести к ней?

Как нам представляется, наркомания имеет две стороны. С одной стороны — это **способ разрушения норм морали и общественного мнения**, которое осуждает подобное поведение.

Мы уже указывали, что идеализация таких ценностей характерна для лиц, занимающих определенное место в иерархической структуре власти. Это может быть армейская структура (армия, ФСК, МВД и т. п.). А может быть административная структура власти — на уровне района, города, области. Еще существуют структуры власти в различных партиях, но они после краха КПСС еще не устоялись. Люди в новые партии приходят и уходят, преследуя личные цели, и им все равно, что думают о них другие люди, занимающие более низкое или равное место в партийном аппарате.

Занимаемая должность в структуре власти не имеет значения, поскольку «Каждый прапорщик мечтает стать генералом» и соответственно разделяет его систему взглядов на жизнь. Рассмотрим пример.

Случай 17. Лариса, 50 лет, домохозяйка. Муж — полковник в отставке, служил в Москве в министерстве.

Сын, 23 года, наркоман в течение 6 лет. Пытается сам избавиться от наркотической зависимости, но пока удалось только перейти на более слабые наркотики.

Мать воспитывалась в семье с авторитарными родителями. Воспоминания детства ей неприятны, поэтому она твердо решила позволить своему сыну жить в обстановке свободы и самостоятельности. У нее дружеские отношения с сыном, и она старается помочь ему. Но при этом ее лицо выражает скорбь и недовольство окружающим миром. Поскольку из молодежи ей в основном прихо-

дится сталкиваться с друзьями сына — наркоманами, то она имеет очень плохое мнение о подрастающем поколении.

Отец мало занимался воспитанием сына. В основном предъявлял претензии, наставлял, но никогда не бил. Последние годы сильно осуждает поведение сына и не верит в возможность его выздоровления.

Ребенок родился здоровым и талантливым, с явными лидерскими качествами и повышенной независимостью.

Отличные способности позволяли ему успешно заниматься в школе, не уделяя особого внимания выполнению уроков. В школе был неформальным лидером, конфликтовал с учителями.

После школы легко поступил в один вуз, после первого семестра понял, что попал не туда. Сам перевелся в другой вуз, где проучился еще два семестра. Там тоже не понравилось, поэтому бросил этот вуз и сдал экзамены в третий, где тоже не уделял особого внимания учебе.

В это же время попробовал наркотики и постепенно втянулся в это занятие. Родители давали небольшие деньги на карманные расходы, и их хватало на дешевые наркотики. Позже перешел на героин. Где брал деньги, неизвестно (похоже, что торговал наркотиками).

Недавно был задержан милицией с небольшой дозой (2—3 грамма) наркотиков в кармане, на него заведено уголовное дело.

Несколько раз проходил курсы лечения в медицинских учреждениях и у целителей. Перешел на легкие наркотики и пробовал бросить, но встречались любимые девушки-наркоманки, которые вновь втягивали его в это дело. Два раза делал суицидные попытки, но родители помешали довести их до конца.

Диагностика ситуации

Такова исходная, довольно тяжелая, ситуация. Если вернуться к идее «сосуда кармы», то можно определить, кого из родителей и за что «воспитывает» их сын.

Похоже, что в основном идет «воспитание» отца за **осуждение поведения** сына. Недисциплинированность и вольное поведение сына в школе наверняка вызывали его постоянные раздражение и осуждение. Чувствуя это недовольство, сын (по первому правилу кармического «воспитания») старался по максимуму досадить отцу своим поведением, разрушая тем самым его идеализации. Здесь все понятно и закономерно. Для отца можно довольно точно определить клапан, по которому заполняется его «сосуд кармы».

Этот клапан называется: **осуждение людей, идеализация правил поведения в обществе.** Разрушение идеализации отца идет через поведение его собственного сына, который полностью игнорировал дисциплину, правила поведения человека в обществе и имеющуюся у него в голове модель нормального развития сына, которым можно гордиться. Сейчас остается только горевать и негодовать, что все надежды были разрушены.

Но лечением сына занимается его мать, которая с детства старалась поддерживать с ним хорошие отношения и быть ему другом (вместо отца). Соответственно возникает вопрос, почему она попала в такую тяжелую ситуацию. Практически вся жизнь Ларисы в последние годы посвящена одной задаче — вытащить сына из наркомании. К сожалению, у нее можно тоже выявить несколько клапанов, за которые она попала под кармическое «воспитание».

Главная проблема Ларисы состоит в том, что она до сих пор **не простила своих родителей.** Она не любит вспоминать свое детство, когда властные родители унижали ее и ограничивали ее свободу. То есть у нее хорошо открыты клапаны: **осуждение людей** (своих родителей) и **модель семейной жизни с ровными взаимоотношениями** (ее идеалом является семья, где родители живут в мире и взаимопонимании с детьми).

Чтобы разрушить эти идеализации, в соответствии с третьим способом кармического «воспитания» Лариса **сама должна оказаться в положении властной родительницы по отношению к своему сыну.** Поскольку она сознательно приняла **позицию сотрудничества и дружбы с сыном**, то она не может занять требуемую для «воспитания» ее души позицию властной матери. Соответственно ее сын вынужден своим поведением подталкивать ее к проявлению осуждения и властности. Если она позволит себе отказаться от ровных и дружеских взаимоотношений с сыном, то ситуация может улучшиться — ее сыну больше незачем будет провоцировать ее на гнев. Провокация удастся. Пока же этого нет.

Другой выход — снять **осуждение и обиду на своих родителей**. Тогда ей можно будет занимать любую позицию по отношению к сыну, поскольку необходимость в разрушении ее детских идеализаций отпадет.

Второй ее, приоткрытый, клапан: **осуждение поведения молодежи.** Соответственно в порядке «воспитательного» процесса ей попадаются в жизни исключительно наркоманы и почти не встречаются другие молодые люди. Осуждение читается на ее лице, хотя вслух она в этом не признается.

Следующий, подтекающий, клапан: **осуждение себя (своих способностей) за неумение добиться нужной цели.**

Осуждение себя — такой же грех, как и осуждение любого другого человека. Каждый человек является созданием Высших сил, и, осуждая себя, вы осуждаете работу того, кто вас создал. Это как минимум нехорошо. Себя нужно любить, каким бы несовершенным (на ваш взгляд) вы ни были. А как полюбить, существует множество различных техник. Годится любая, лишь бы вы перестали осуждать себя за любое свое несовершенство.

Такова «воспитательная» ситуация в рассмотренном случае. Она исправима, но для этого нужно всем участникам «воспитательного» процесса поработать над своими взглядами на мир. Если это возможно, конечно. Поскольку сдать сына (или дочь) в психлечебницу или отвести на кодирование обычно значительно легче, чем изменить свою систему взглядов на мир. Там заплатил деньги — и жди результата. А мы предлагаем начать копаться в себе. И хотя это совсем не требует денег, но часто оказывается сложнее, чем материальная оплата усилий сторонних специалистов.

Еще один открытый клапан: **идеализация цели.** Вытащить своего сына из наркомании — цель ее жизни, и она не видит других столь же значимых целей. Соответственно эта цель всеми возможными способами будет отдаляться от нее. И так будет продолжаться до тех пор, пока она внутренне не смирится с судьбой и не признает, что жизнь сильнее ее. И что ее цель может быть как достигнута, так и недостигнута. Хотя признать хотя бы возможность своего поражения часто бывает значительно труднее, чем продолжать бороться.

Такова наша интерпретация рассмотренного случая. Надеемся, она может оказаться полезной тем нашим читателям, кому приходится сталкиваться с подобной невеселой проблемой.

А мы пока подведем итоги.

ИТОГИ

1. Наркомания детей может явиться средством разрушения системы взглядов на жизнь (идеализаций) родителей.

2. Иногда наркомания выступает средством провокации на гнев и скандалы со стороны того из родителей, кто не снял эмоциональное осуждение своих собственных родителей за их неделикатные взаимоотношения.

3. Изменение системы взглядов на жизнь родителей иногда может снять с ребенка необходимость заниматься наркоманией в качестве меры разрушения идеализаций своих родителей. Любое лечение в такой ситуации пройдет быстрее и эффективнее.

2.8. ПРОБЛЕМЫ С РАБОТОЙ ИЛИ БИЗНЕСОМ

В этом параграфе мы рассмотрим несколько случаев, когда у людей, занимающихся бизнесом в разных масштабах, возникают большие (или не очень) проблемы.

Естественно, мы будем исходить из уже известной нам идеи о том, что все неприятности и разрушение планов являются следствием нарушения человеком основного правила поведения в этом мире — ничего не идеализировать, то есть не впадать в негативные эмоции, если что-то происходит не так, как вы считаете нужным. Соответственно у предпринимателей есть **любимые идеализации**, такие как идеализация своих способностей, денег и материальных благ, осуждение людской глупости и т. д.

Эти идеализации в большинстве случаев **разрушаются путем развала бизнеса**, поскольку они возникли как раз на его основе. Рассмотрим примеры.

Для начала рассмотрим случай, когда у женщины **нет денег и работы**. Что могло привести к такой не очень редкой ситуации?

Случай 19. Лена, 37 лет, замужем, безработная.

Лена родилась в очень обеспеченной семье торговых работников и сама много лет работала в торговле, еще при социализме зарабатывая до 1000 рублей в месяц. В перестройку вошла директором маленького магазина, но уровень доходов ее не устраивал. Она оставила торговлю и перешла работать в процветающую частную фирму на должность исполнительного директора. Должность была чисто исполнительской, но близость к президенту фирмы и новый уровень доходов ее вполне устраивали. Система взглядов на жизнь президента фирмы и высокие доходы резко подняли ее самооценку и требования к уровню жизни (захотелось иметь много красивых вещей, есть на серебре и т. д.).

Так продолжалось примерно полгода, а потом эта частная фирма стала нести убытки, уровень доходов снизился, а затем там и вовсе перестали платить зарплату.

Лена ушла из этой фирмы, но активных попыток найти новую работу не предпринимала. Больше года она живет на доходы от сдачи в аренду свободной квартиры своих родителей и занимая деньги в долг у знакомых.

Попытки начать свой бизнес успеха не приносили — нужные люди после первых контактов куда-то исчезали.

Будучи летом в деревне, она набрела на разрушенную церковь XVIII века и почувствовала потребность восстановить ее. Будучи реалисткой, она оценила размер требуемых затрат и начала продумывать ходы по реализации этого проекта. Ей стали попадаться люди, имеющие возможность найти требуемые суммы. Одновременно она посетила несколько школ духовного развития и стала подумывать о создании своего духовного и целительского центра. Эти высокие и благородные цели привлекали Лену, но очень досаждало полное отсутствие денег, тем более что и ее муж тоже потерял работу. Но идти снова работать в торговлю или в другую сферу деятельности уже не хотелось.

Диагностика ситуации

Теперь рассмотрим, какие идеализации смогли привести Лену в нынешнюю, не очень комфортную, ситуацию.

Воспитываясь в обеспеченной семье и имея большие доходы, у Лены сформировался устойчивый **стереотип (то есть идеал) того, как должны жить она и ее семья**. Своей обеспеченности и деньгам она раньше не придавала особого значения. Поэтому деньги у нее были в нужном количестве, она их зарабатывала своим трудом.

В частности, на вопрос о том, сколько денег ей нужно в месяц, она назвала сумму в пять тысяч долларов. Именно столько, как ей кажется, обеспечит ей нормальную жизнь. Но где заработать столько денег, она не представляет. Поэтому работать за малые деньги ей не хочется, а больших нет.

В этой позиции явно просматривается первое ошибочное убеждение: **идеализация благополучной (обеспеченной) семейной жизни.** В существующей в ее уме модели семейной жизни должен быть муж, дети, хорошие жилищные условия и высокий уровень материальной обеспеченности. Примерно как у ее родителей.

Эта идеализация не проявлялась, пока Елена работала в магазине и своим трудом обеспечивала получение доходов (так же, как и ее родители). Все было благополучно, пока она не перешла работать в частную фирму и не изменила систему взглядов на жизнь. Ей захотелось богатства, обеспеченности, появились претензии к миру именно в части денег, потому что все остальное из благополучной жизни у нее было. По общему правилу разрушения идеализаций как раз **деньги у нее и должны были исчезнуть**. Именно так и произошло — частная фирма перестала получать доходы и деньги стали уходить из ее жизни.

Одновременно у Лены возникла другая проблема — **идеализация духовности.** Сама по себе духовность и восстановление разрушенной церкви — дело очень хорошее. Но когда человек начинает придавать избыточное значение духовным делам и презирать земную суету, погоню за деньгами или иными материальными благами, то по общему правилу эта идеализация должна быть разрушена. Вы презираете земные хлопоты и не хотите вместе со всеми карабкаться к материальному благополучию — пожалуйста, сколько угодно. Вы полный хозяин своей жизни. Но если вы не любите земное, материальное, то почему оно должно любить вас? Вы идеализируете духовное (то есть потустороннее, неземное) — следовательно, земной мир начинает отрывать вас от себя. Вы перестаете получать земные блага.

Так обычно обстоит дело с людьми, занимающимися духовной и просветительской деятельностью. Придавая избыточное значение духовности и презирая усилия по достижению материального благополучия, они в порядке кармического «воспитания» имеют большие проблемы с деньгами, жильем, работой и т. д.

Именно под такое «воспитание» попала Елена, когда поставила своей целью восстановление церкви и создание духовного центра.

Обязательно ли быть бедным?

Как нам представляется, духовность вовсе не обязательно связана с нищетой и материальными проблемами. Это часто встречается в жизни, и многие даже находят в нищете подтверждение своей духовности. Но несложно заметить, что многие нищие бездуховны, а среди обеспеченных людей можно найти множество высокодуховных людей.

Но в Елене проявился как раз случай внутреннего осуждения усилий по добыванию денег. Итогом должно было стать их отсутствие. Что и имело место в действительности.

Это довольно типичный случай для человека, пробующего совместить сразу две ступеньки лестницы духовного развития — вторую и седьмую. Мало кому это удается, и у Елены с этим возникли проблемы. Видимо, ей нужно четко определиться со своим местом в этой жизни, тогда и проблем будет поменьше.

Мы рассмотрели один случай, но бывают ситуации с потерей работы, никак не связанные с духовной деятельностью. Например, **обычные обиды, осуждение и идеализации своих способностей** прекрасно могут свести к нулю все усилия по укреплению своего положения в мире. Рассмотрим подобный пример.

Случай 20. Татьяна, симпатичная, очень самостоятельная и властная женщина. Она работала начальником отдела в администрации большого города, но в результате конфликта со своим непосредственным руководителем его уволили, а ей предложили либо перейти работать рядовым сотрудником в свой же отдел, либо пойти на биржу труда.

Семейная жизнь Татьяны тоже не задалась. После окончания института она работала руководителем Общепита в своем родном городе (другом). Она вышла замуж, но мужа мало интересовала семейная жизнь и благоустройство семейного гнезда, хотя возможности для этого были довольно большими. Он постоянно уезжал в командировки и активно интересовался другими женщинами. Поскольку в небольшом городе скрыть посторонние связи довольно трудно, в какой-то момент Татьяна застала своего мужа с другой женщиной. После этого она собрала, небольшой чемодан и вернулась жить к матери, благо детей у них не было.

Через три года Татьяна перебралась в крупный город, вышла замуж и сама устроилась работать в администрацию города. Муж денег не зарабатывал, хотя старательно изображал кормильца и хозяина семьи. Через год у них начались конфликты, постепенно переходящие в скандалы и даже драки. Поскольку Татьяна жила на площади мужа, уходить ей было некуда. Так продолжалось еще три года. За это время она буквально выбила из своей администрации квартиру и сразу переехала жить туда. Муж развода не давал и еще в течение двух лет устраивал скандалы, угрожал и по возможности отравлял ей жизнь.

Последние годы Татьяна с интересом читает эзотерическую литературу и пытается применить полученные взгляды в жизни. Но эффекта пока нет, жизнь разваливается.

Диагностика ситуации

В этом примере мы встречаем полный набор идеализаций и «воспитательных» мер, характерных для жизни властной женщины.

Сильная женщина — слабый мужчина

Избыточно властная и энергичная женщина, видящая себя в качестве хозяина (или хозяйки-?) жизни, довольно **часто получает в мужья никчемных мужчин**, которые по максимуму отравляют ей жизнь. Раз ты такая властная и осуждаешь слабых мужчин — вот и получи в качестве «воспитания» то, что ты осуждаешь (по первому правилу кармического «воспитания»).

У властных женщин мужья достаточно часто не умеют зарабатывать деньги (да и зачем им эти хлопоты при такой жене?), гуляют, скандалят, пытаясь доказать свою значимость. Если ничего доказать не удается, мужья спиваются.

У Татьяны было два мужа, и оба активно выполняли «воспитательные» функции. Оба предъявляли ей далеко не лучшие мужские качества — любвеобильность, бездельничество, скандальность, грубость и т. д. Они разрушали ее **идеализацию своей способности контролировать окружающую жизнь** и сделать ее такой, какой она считает нужным. Несмотря на все ее героические усилия, жизнь оказывается сильнее.

На работе Татьяна тоже придумала образ хорошего **(идеального) руководителя** и сравнивала реального человека со своей идеальной моделью. Конечно, реальному человеку до идеала так же далеко, как до Луны. Соответственно у Татьяны возникли **осуждение** своего руководителя и желание либо убрать его со своего пути, либо переделать в соответствии со своей идеальной моделью.

Осуждение руководителя, скрытое или проявленное, всегда разрушается предъявлением повышенных требований с его стороны. Так и Татьяна, **осуждавшая своего несовершенного начальника**, стала объектом преследований и повышенных требований с его стороны.

Будучи прирожденным бойцом и **идеализируя свою способность управлять жизнью**, Татьяна через голову своего непосредственного руководителя обратилась к руководителю рангом выше. А тот не стал особо разбираться в конфликте подчиненных и приказал уволить обоих. **Административная система слабо терпит избыточно самостоятельных и конфликтных сотрудников.** Если ты винтик большого механизма, так будь добр, вращайся в такт со всеми остальными шестеренками. А когда какая-то одна шестеренка станет вращаться сама по себе, то она может заблокировать работу всего механизма. Поэтому, когда Татьяна, будучи начальником отдела, стала конфликтовать со своим руководителем, система вынуждена была отвергнуть обоих. Начальника за то, что неправильно подбирает кадры. А Татьяну за то, что не умеет жить в системе. В качестве меры, унижающей ее **гордыню**, ей предложили работать рядовым сотрудником в ее же отделе.

Если Татьяна сумеет понять, что ее мнение о своих способностях контролировать окружающий мир является мифом, — мир на примере доказывает, что она ничего не может, то у нее все будет в порядке. Она найдет руководящую работу или вновь вырастет в этой же администрации.

Если же **гордыню** и **идеализацию своих способностей** сознательно ограничить не удастся, то воспитательный процесс продолжится. Таковы принципы нашего «воспитания», и ничего поделать с этим невозможно.

А теперь рассмотрим другую ситуацию, когда у человека есть свой бизнес, он развивается довольно успешно, но человек не доволен темпами роста.

Случай 21. *Татьяна, 28 лет, директор туристического агентства.*

Проблема Татьяны — ощущение того, что ее бизнес медленно развивается, хотя за полтора года она практически с нуля сделала агентство с тремя десятками работников. Ей кажется, что можно было бы сделать гораздо больше, но у нее не хватает для этого сил. В последнее время, по ее словам, она испытывает необъяснимые апатию, лень, которые мешают ей продвигать свои дела более энергично, хотя она и встает часов в семь-восемь и ложится после часу ночи. Если случаются неудачи, Татьяна все относит на свою неумелость или невезение, других людей никогда не винит, даже в мыслях.

Личной жизнью Татьяне заниматься некогда. Шесть лет назад, поддавшись уговорам родственников, она вышла замуж. Муж оказался полной ее противоположностью, поэтому через два года они развелись. С тех пор о новом замужестве она не задумывалась. Хотя и хотела бы иметь семью и двух-трех детей.

Отношения со своими сотрудниками неплохие. Но иногда они огорчают ее — например, когда она просит их остаться и поработать сверхурочно на общее дело. Такие призывы не находят у них понимания.

У Татьяны есть учредители, которые помогают ей в деятельности и контролируют успешность ее работы.

143

Они же постоянно напоминают ей, что она могла бы работать лучше. Эти замечания вызывают у нее некоторое раздражение, поскольку работает она совсем не хуже других директоров.

Татьяна часто дает в долг деньги своим знакомым, и чаще всего ей их не возвращают. Но она выработала отношение к отданным в долг деньгам типа: отдал и забыл. Поэтому деньги назад сама почти не требует, особенно если заемщик не из обеспеченных.

Диагностика ситуации

Можно констатировать, что Татьяна интуитивно нашла довольно правильную позицию по отношению к миру, и мир к ней благоволит. Поскольку бизнес у Татьяны развивается, то «воспитательные» меры применяются к ней пока еще в слабых дозах. Ей не дают развиваться быстро — то есть идет проверка на ее идеализации. Они есть, и довольно очевидны, поэтому перечислим их.

Первая — это **идеализация денег и своей способности контролировать окружающий мир.** Эта идеализация проявляется в том, что Татьяна недовольна своими успехами, хотя объективно они совсем неплохие. Но кто-то работает лучше, и она осуждает свои успехи и свое положение, что является прямым нарушением правил поведения человека в этом мире. Она недовольна своими успехами — ее кармический «воспитатель» начал потихоньку перекрывать ей возможности развития. Сейчас только начало, и если она не снимет недовольство своим положением и своими доходами, то ситуация может ухудшиться.

Вторая **идеализация — осуждение людей,** в качестве которых выступает она сама. Если у нее что-то не получается, то Татьяна винит себя в произошедшем. Но, как мы уже понимаем, неудачи организуются нашим кармическим «воспитателем» и обижаться на себя значит обижаться на Высшие силы, поскольку все в этом мире происходит по их воле. Обида на себя, на свое несовершенство ничем не лучше обиды на других людей.

Себя нужно любить не меньше, чем кого-то другого, а то и больше (но не до уровня гордыни).

Еще одна форма проявления этой идеализации — недовольство своими учредителями. У нее в голове существует модель того, какими должны быть руководители,— внимательными, деликатными, должны помогать своим подчиненным. Ведь она сама старается именно так вести себя со своими сотрудниками. А учредители вместо этого предъявляют ей претензии, требуют от нее бо́льших доходов — в общем, ведут себя совсем не идеально.

Еще один открытый клапан ошибочных убеждений связан с ее отношениями с сотрудниками и знакомыми.

Это ошибочное убеждение — **идеализация людей.** Эта идеализация проявляется в нескольких формах. Одна из них — это идеализация своих сотрудников, которые, по ее мнению, должны разделять ее увлеченность работой и оставаться работать сверхурочно или в выходные дни. Но у них свои проблемы, свои заботы, и они вовсе не разделяют убеждений Татьяны, чем разрушают ее идеализацию людей.

Другая форма — это уверенность (избыточная вера), что людям можно давать деньги в долг без всяких предупредительных мер типа расписки, договора и т. д. Соответственно люди вынуждены разрушать ее идеализацию и обычно деньги не возвращают, хотя и брали их в долг. Татьяна интуитивно сумела защититься от этой идеализации, заранее прощая всех тех людей, кому она дала деньги в долг.

Это основные клапаны, и открыты они понемножку. Есть и другие (семья, мужчины), но они почти не протекают. А потеря энергичности и апатия у Татьяны развилась по двум причинам, скорее всего, не имеющим прямого отношения к кармическому «воспитанию». Первая — это элементарное хроническое недосыпание, вызванное тем, что из-за работы она спит по 5—6 часов в сутки. Вторая причина — интенсивная работа ее «словомешалки», которая переваривает ее жизненные силы и периодически вгоняет ее в состояние депрессии. Остановив свою «словомешалку», она получит поток жизненных сил, который до сих пор уходил к эгрегору несчастной жизни. Так что особых проблем у Татьяны не предвидится, она пока что является мощным формирователем событий (в «сосуде кармы» уровень заполнения 59%) и способна достичь любых целей.

В следующем примере человек изрядно заполнил свой «сосуд кармы» и находится под активным «воспитательным» воздействием со стороны окружающего мира.

Случай 22. Татьяна, 47 лет, предпринимательница из Сибири.

Татьяна — очень уверенная в себе, энергичная, деловая женщина. Была замужем, есть дочь, но муж сильно мешал в бизнесе, и Татьяна ушла от него. Дочь замужем, живет самостоятельной жизнью.

Татьяна с молодости отличалась лидерскими качествами, самостоятельностью, способностью добиться любой цели. После окончания вуза работала на должностях, связанных с контролем и управлением людьми, — главный бухгалтер, инспектор госторгинспекции и т. п. С началом перестройки Татьяна ушла в предпринимательство, где ее лидерские качества проявились в полной мере. Работая заместителем главного бухгалтера кооператива, она стала фактическим руководителем коллектива, улаживая конфликты с рабочими и принимая решения по заключению новых договоров. Через некоторое время ей надоело работать на коллектив, и она ушла из кооператива. В дальнейшем работала всегда без партнеров, создавая собственные предприятия.

Последние три года занимается в большом городе торговыми операциями по продаже продуктов питания. И все это время Татьяну преследуют неудачи — поставщики не выполняют взятых обязательств или выполняют их с огромными опозданиями. В итоге Татьяну вполне серьезно разыскивают предприниматели с Кубани и из Брянска, чтобы потребовать невыплаченные долги. И в Москве от разборок с кредиторами удерживает только покровительство («крыша») одной из сильных неформальных груп-

пировок. Общая сумма долгов приближается к миллиону деноминированных рублей.

В сотрудники и партнеры к Татьяне почему-то прибиваются только отставные военные, которые чувствуют себя достаточно комфортно под ее властной рукой. Но дела у нее не идут, поэтому ей периодически приходится оставлять офисы с невыплаченной арендной платой, бросать товары на складах за невыплату аренды и т. д. Самые ходовые товары у нее часто не продаются неделями, задерживаются в пути, теряются и т. д. Денег нет даже на оплату жилья, поэтому Татьяну приютили ее дальние знакомые.

Чувствуя тотальное невезение в делах (семьи нет, жилья нет, доходов нет, осталось только здоровье), Татьяна стала обращаться к различным экстрасенсам и специалистам по карме. Они нашли у нее большие кармические проблемы (в одной из прошлых жизней была большим военачальником, презирала людей) и пытались чистить ее эфирное тело и очищаться от обид с помощью аффирмаций и покаяния. Самочувствие и внешнее спокойствие вроде бы улучшились, но перелома в делах нет.

Диагностика ситуации

Совершенно очевидно, что у Татьяны полностью открыты несколько клапанов и она давно уже находится под активным «воспитательным» процессом. Рассмотрим эти клапаны более подробно.

Первый открытый клапан — это **идеализация своей способности достичь в этом мире всего, чего захочется (контроль окружающего мира).** Татьяна уверена, что она может добиться почти всего, хотя факты говорят об обратном. По ее же словам, она идет по жизни, как танк, сметая все препятствия на пути. Но жизнь — это не лесная опушка, она не терпит тех, кто идет по ней напролом. Ошибочное убеждение о своей способности преуспеть в бизнесе постоянно разрушается в течение нескольких лет, но воспринимается ею как досадная случайность.

При этом бизнес не является целью жизни или хотя бы любимым делом для Татьяны. Деньги она не любит и сама вполне способна обходиться без них. Она старается заработать только для того, чтобы раздать долги и чтобы чем-то занять себя. Других интересных занятий, где она могла бы полностью применить свою энергию, она не находит. Однако если предприниматель не любит деньги, то и эгрегор денег смотрит на него с подозрением: чего это ты суетишься здесь, среди приличных людей, любящих деньги? И соответственно никакой помощи от него не получает.

Следующий открытый клапан — **презрение к людям, осуждение человеческой глупости.** Наиболее полно это качество проявляется в разборках с кредиторами, которые требуют от нее денег. После 10—15 минут неприятного разговора терпение у Татьяны заканчивается и она начинает кричать на своих кредиторов, вводя их в трепет своим гневом. Людская глупость (ну где я возьму им деньги?) раздражает ее. Соответственно, в порядке «воспитания», ей должны встречаться по жизни люди недалекие и не стесняющиеся долго и грозно требовать вернуть им долги.

Третий открытый клапан: **идеализация людей, своей и чужой честности.** Татьяну несколько раз «кидали» партнеры, то есть забирали товар и скрывались, не возвращая денег. А поскольку товар был чужой, взятый на реализацию, то долг зависал на Татьяне.

Деловые партнеры несколько раз предлагали ей тоже сделать «кидок», но она всегда сторонилась этого, внутренне презирая мошенников и «кидал». Это презрение она принесла из Сибири, где местные жители презирают бичей (бомжей, людей, вышедших из заключения). А избыточно честному человеку в бизнесе делать нечего. В порядке разрушения идеализации честности ей должны были попадаться нечестные деловые партнеры, что имело место в действительности. И они же провоцировали Татьяну стать тем, кого она презирает,— в соответствии с третьим способом кармического «воспитания».

Еще один открытый клапан: **гордыня.** Невзирая на все проблемы, Татьяна считает себя очень способным человеком, которому временно не везет. Фактически так оно и есть. Но способности даны человеку Высшими силами, о чем неплохо было бы не забывать. А когда он считает себя равным Богу и с презрением смотрит на суетящихся рядом в погоне за деньгами людей, то Бог предлагает человеку доказать его право смотреть на них свысока. А если у тебя ничего не получается, то какие же у тебя основания презирать других путешественников по этой жизни?

Это основные идеализации Татьяны, а при более тщательном рассмотрении ситуации можно найти еще несколько.

Не идеализируйте свои способности

Татьяна не единственный предприниматель, попавший под кармическое «воспитание» из-за идеализации своих способностей добиться цели любой ценой и сделать все так, как считает нужным. Человек **имеет право достигать любых целей в этой жизни**. Нужно только не идеализировать свои способности и помнить, кто нам их дал. И кто владеет всем этим заповедником. Если мысленно благодарить Высшие силы за каждое ваше достижение (в соответствии с четвертым принципом Методики формирования событий), то они будут вполне благосклонно относиться к вашему бегу за материальными благами. И вам открыты любые вершины бизнеса или личного благополучия.

Но на этом проблемы бизнесменов не заканчиваются. Влияние на успешность их бизнеса могут оказывать и более тонкие идеализации, находящиеся в нашем подсознании. Они тоже могут создавать большие проблемы в делах. Рассмотрим такой пример.

Случай 23. Алексей, 39 лет, директор государственного акционерного общества (завода) одного из городов Центральной России. Завод функционирует и выпускает продукцию, имея те же проблемы, что и все производители продукции в России, — чрезмерные налоги, неналаженный сбыт, неплатежи потребителей продукции и т. д.

Но есть и специфическая проблема. Алексей заметил, что практически все потребители продукции его завода расплачиваются с ним по бартеру. Заказчики, имеющие деньги для оплаты продукции, к нему практически не обращаются, хотя, в принципе, они имеются в их регионе. В итоге у него возникли большие проблемы с выплатой федеральных налогов и с выплатой зарплаты сотрудникам завода.

В ходе беседы с Алексеем выяснилось, что раньше у него было частное предприятие. И однажды, когда он заработал сразу много денег, на него одновременно обрушились налоговая инспекция, налоговая полиция и рэкет. Видимо, все они пользовались одним и тем же источником информации.

Алексею с большим трудом удалось выбраться из той ситуации. В итоге он оставил частный бизнес и перешел работать на государственное предприятие.

Диагностика ситуации

У Алексея практически нет идеализаций, которые должны разрушаться первыми тремя способами кармического «воспитания». К деньгам он относится спокойно, стремится к их получению, но всегда допускает возможность проигрыша. Поэтому его предприятие работает и получает доход, невзирая на проблемы окружающего мира. Но доход поступает не в виде денег, а виде продукции других предприятий, которые расплачиваются с ним по бартеру. Организовать сбыт этой продукции за деньги достаточно сложно, это требует больших дополнительных затрат из-за того, что эта продукция совсем разная.

Отсутствие заказчиков с деньгами является, скорее всего, следствием некоторых кармических взаимодействий. Причем проблемой примерно такого рода: Алексей неосознанно **опасается больших денег**, поскольку он уже имел с ними большие неприятности. Соответственно в его подсознании (скорее всего, в теле эмоций) отложилась негативная мыслеформа: **большие деньги – опасность.** И именно эта мыслеформа создает проблемы у Алексея с живыми деньгами, буквально «отгоняя» от него таких заказчиков. Именно так функционирует четвертый способ разрушения наших ошибочных убеждений.

Есть ли выход из этой ситуации? Конечно, есть. Он заключается в снятии этой негативной программы. Точнее, не в снятии, а в перепрограммировании ее в программу с положительным исходом. Такой прием очистки своего тела эмоций от негативных мыслеформ мы будем рассматривать в следующей главе работы.

Рассмотрим еще один подобный пример.

Случай 24. Татьяна, частный предприниматель (держит палатку на мелкооптовом рынке). Бизнес у Татьяны в течение трех лет протекает довольно ровно, но нет роста доходов. Несмотря на все ее усилия, бизнес не расширяется. Она принимает эту ситуацию довольно спокойно, хотя и с некоторым недоумением.

У нее имеются проблемы и в личной жизни, но к бизнесу они отношения не имеют.

В ходе беседы с Татьяной выяснилось, что более десяти лет назад у нее имелся негативный опыт получения большой суммы денег. Она (с мужем) получила кредит в Сбербанке на личные нужды. Муж должен был выплачивать кредит в течение года. Но у него возникли какие-то проблемы, и он несколько месяцев не выплачивал банку деньги, не ставя об этом Татьяну в известность. В итоге сотрудники банка позвонили Татьяне на службу и сообщили, что подают на их семью в суд. Возник большой скандал, в результате которого она вынуждена была уйти с работы. Все долги банку она выплатила, но воспоминание об этом случае сохранилось в ее подсознании и оказывает влияние на текущие события.

Диагностика ситуации

Как и в предыдущем случае, в теле эмоций Татьяны сохранилась отрицательная мыслеформа, связанная с получением большой суммы денег. Скорее всего, именно эта мыслеформа оказывает влияние на ее бизнес сегодня, ограничивая его размер. Тем самым реализуется четвертый способ кармического «воспитания».

Чтобы бизнес мог расти, Татьяне нужно стереть или перепрограммировать эту мыслеформу. Сделать это несложно, важно только выявить ее и понять, когда она появилась. В нашем случае она появилась при возникновении больших проблем с возвратом кредита в прошлом.

Это событие, скорее всего, было результатом кармического «воспитания» за идеализации и ошибочные убеждения, имевшие место в то время. Сегодня необходимость именно в таком кармическом «воспитании» пропала, но отрицательная мыслеформа продолжает оказывать свое негативное влияние на ход событий. Программа запущена, и для ее остановки необходимо предпринять специальные усилия.

Такова ситуация с типичными ошибочными убеждениями, мешающими достигать своих целей в бизнесе. Мы предлагаем нашим читателям примерить эти ситуации к себе. Возможно, они подскажут вам причины появления некоторых проблем в вашей жизни. А мы рассмотрим еще один вопрос — можно ли как-то с пользой для себя использовать знание заполненности «сосуда кармы» своих деловых партнеров.

Прогнозирование развития бизнеса

Можно ли как-то использовать полученные выше сведения для прогнозирования развития событий в будущем? Конечно, можно. Теперь вы хорошо понимаете, что в случае избыточного заполнения «сосуда кармы» человек перестает быть формирователем событий. Скорее наоборот, никакие его планы не реализуются. Он постоянно будет занят преодолением тех проблем, которые будет подбрасывать ему жизнь в порядке кармического «воспитания».

По нашим наблюдениям, **свободно достигают любых целей в бизнесе люди, имеющие заполненность «сосуда кармы» порядка 45—55%.**

При заполненности свыше 60% у человека начинаются небольшие проблемы — жизнь проверяет его на отношение к трудностям и небольшому нарушению планов.

А при заполненности свыше 75% **человек уже не способен достигать никаких целей** — все его планы рушатся, партнеры подводят, нужные сотрудники уходят, товары не продаются и т. д.

Так что будущую успешность нового сотрудника или делового партера легко спрогнозировать, оценив хотя бы приблизительно заполненность его «сосуда кармы». А это легко сделать по его поведению (если, конечно, человек открыто проявляет свои эмоции).

Если человек раздражителен, часто обвиняет окружающих в недобросовестности или нечестности, впадает в депрессию или гнев, обижается на власти, жизнь и т. д., то его «сосуд кармы» изрядно заполнен. И удача давно отвернулась от него. Так что поручать ему ответственные дела и ждать хорошего результата — дело рискованное.

Можно ли помогать неудачнику?

Больше того. Даже если вы понадеетесь на свою удачу и деловитость и попробуете «вытащить» такого человека из его проблем, то, скорее всего, проблемы появятся и у вас. Возникнут потому, что вы идеализируете свою способность достичь успеха. Высшие силы «воспитывают» вашего неудачливого партнера, а вы придете и отмените их «воспитание»? Если вы чрезмерно уверены в своих силах, то, возможно, у вас что-то и выйдет. Ведь есть же целители, которые буквально «вышибают» кармические заболевания. Другое дело, чем это обернется вам (и ему) в будущем. Скорее всего, «воспитательный» процесс будет продолжен. Но уже по отношению сразу к двум клиентам.

Так что помогать неудачнику можно, но только после того, как он осознает свои ошибочные убеждения. А иначе проблемы возникнут у обоих партнеров.

Как оценить «сосуд кармы» своего делового партнера

Заполненность «сосуда кармы» нового партнера можно оценить самостоятельно — **по его поведению и успешности в других делах.** Критерии оценки все те же — насколько успешны его дела, как он относится к себе и к людям, насколько подводят его другие партнеры, как он реагирует на возникающие идеи, какова его уверенность в успехе и т. д. Все это **можно вполне сознательно оценить в ходе деловых переговоров** и сделать практические выводы. Хотя могут быть и проблемы — если ваш партнер владеет современными психологическими методиками, то он может «предъявить» вам вполне уверенного в себе и преуспевающего бизнесмена. Именно так и мы рекомендуем поступать вам при достижении своих целей. Так что если он хорошо «играет» в преуспевание и уверенность в себе, то можно так и не узнать, что стоит за ним в действительности. Точнее, вы узнаете, когда у вас возникнут проблемы в связи с этим человеком.

Но подобная игра — это редкий случай. Большинство современных предпринимателей, особенно младшего и среднего уровня, вполне откровенны и могут рассказать о своих прошлых проблемах, обвинить обстоятельства или других людей в своих неудачах, обещать «золотые горы» в ближайшем будущем. Все это явные признаки наличия идеализаций и «воспитательного» процесса.

Вот здесь-то вам пригодятся примерные оценки заполнения «сосуда кармы» вашего собеседника. Для тренировки рекомендуем **начать делать такие оценки для хорошо известных вам людей**, зная обстоятельства их жизни. Со временем у вас может выработаться вполне четкая система оценок и для новых, неизвестных вам людей.

Если вы все же сомневаетесь в своих оценках, то **можно обратиться к специалистам, имеющим специальный Сертификат** Академии гармоничного взаимодействия. Они смогут достаточно точно определить заполненность «сосуда» для нового человека даже заочно, по телефону. В частности, такую услугу оказывает наш Центр.

Кроме того, **мы не рекомендуем обращаться к любым другим ясновидящим** или экстрасенсам (без Сертификата), даже если они заявят, что могут оценить заполненность «сосуда кармы». Возможно, кому-то из них это и удастся. Но у нас есть достаточно жесткие требования к людям, которые могут получить Сертификат Академии. В частности, их собственный «сосуд кармы» должен быть заполнен не более чем на 40%. А целителей и ясновидящих с подобным уровнем удовлетворенности окружающим миром совсем не много. При высокой заполненности своего «сосуда кармы» человек может получать информацию только из самых нижних этажей Непроявленного мира. А кто обитает на этих этажах, мы уже рассказывали. Так что доверять можно далеко не всякому ясновидящему, какой бы рекламой ни сопровождалась его деятельность.

На этом мы заканчиваем рассмотрение проблем предпринимателей и переходим к итогам.

ИТОГИ

1. Типичными ошибочными убеждениями, приводящими к возникновению проблем с деньгами, являются идеализация обеспеченности и своих способностей контролировать окружающий мир, осуждение других людей и гордыня.

2. Иногда жизнь применяет четвертый способ разрушения ошибочных убеждений — реализуются те подпрограммы ограничения бизнеса, которые появились в памяти человека в результате негативных событий в недалеком прошлом.

3. Эффективность человека в достижении своих целей зависит от заполненности его «сосуда кармы». При большом заполнении человек не может достигать своих целей без изменения системы своих взглядов на жизнь.

4. Если «сосуд кармы» вашего нового делового партнера избыточно заполнен, то вы можете испытать большие проблемы, если организуете совместные дела.

3. ЧИСТИМ СВОИ ПРОБЛЕМЫ

В этой главе книги мы хотели бы рассказать о некоторых приемах, которые мы рекомендуем использовать для избавления от «воспитательных» кармических воздействий со стороны окружающего мира.

Чистим все и подряд

Что нужно делать, чтобы нас не «воспитывали»? Если отвечать в наиболее общем виде, то можно сказать так: **нужно очистить все наши тела от имеющихся в них негативных накоплений.** То есть нужно почистить все наши тонкие тела. Не забывая и о физическом теле, конечно. Но начинать нужно не с физического тела, как мы поступаем обычно, а совсем наоборот. Чистку желательно начать с наиболее тонкого тела и постепенно переходить к более плотным.

Модель устройства тонких тел человека мы рассматривали в предыдущей книге. Здесь лишь напомним, что в рамках принятой нами модели у человека кроме физического тела имеются эфирное, эмоциональное (астральное), ментальное и каузальное (кармическое) тело. Кроме них имеется еще несколько более тонких тел, но пока что мы не представляем, как с ними можно работать. Поэтому из рассмотрения мы пока что их исключим. А вот что можно делать с перечисленными выше тонкими телами, мы примерно представляем и не будем скрывать своих знаний от вас.

Итак, если вы собрались двигаться в сторону святости (то есть хотите осушить свой «сосуд кармы»), мы предлагаем вам почистить все ваши тонкие тела. Почистить все ваши тела, начиная с самого тонкого. Иначе эффекта от чисток или лечения не будет или он будет временным.

Что будем чистить

Но так ли хорошо все будет, если почистить все и по максимуму? Здесь не все так просто. Ведь несложно понять, что наряду с тотальной очисткой мы можем заодно избавиться и от интереса к жизни.

На эту тему можно вспомнить анекдот времен «застоя» о приеме в партию (КПСС, кто не знает). Кандидата в партию поочередно спрашивают, может ли он ради партии отказаться от курения, выпивки и встреч с женщинами. Он, напрягшись, соглашается. Затем его спрашивают: «А готов ли ты отдать свою жизнь ради партии?» Кандидат без сомнений отвечает: «Да».— «А почему?» — спрашивают из комиссии. «А на что мне такая жизнь!» — отвечает кандидат.

В этом анекдоте заключен тот философский смысл, что жизнь без греха может потерять для многих людей свою остроту и притяжение. Не для всех, но для многих — тех, кто еще не поднялся по лестнице духовного развития.

Раньше мы уже указывали, что совершенно пустой «сосуд кармы» имеют только святые, которые **не имеют никаких собственных желаний в этом мире**. Если идти по пути тотальной чистки, то в случае успеха и вам не избежать такой благодати. Все возможно, но ничего не хочется. Никакое событие не волнует вас больше, чем любое другое,— вы одинаково спокойно принимаете все подряд. Вы спокойны, как замерзший во льду карась.

Нравится ли вам такое будущее? Скорее всего, нет. Точнее, оно для вас практически недостижимо. Кровь кипит в жилах, телевизор и пресса соблазняют нас множеством приятных вещей, родственники и знакомые провоцируют на обмен «любезностями». Жизнь кипит, и увернуться от нее практически невозможно. Как же быть?

Мы предлагаем вам **сознательно ограничить вашу святость**. То есть выбрать несколько клапанов «сосуда кармы», которые вам наиболее дороги. И позволить им немного «подкапывать». То есть позволить себе легкую идеализацию некоторых аспектов жизни. Например, любви или семейных отношений, денег или творчества и т. п. А по остальным кранам — ни-ни! Все перекрыто: вы не обижаетесь, не осуждаете, не презираете. Тогда вы сможете и жить с удовольствием, и в «сосуде кармы» иметь процентов 45—55. А это, как мы уже указывали, самый лучший процент для заказа (и реализации) любых земных желаний.

Если эта рекомендация вас устраивает, то мы перейдем к рассказу о том, с помощью каких приемов или техник можно попасть в это комфортное состояние. Впрочем, если вы соблазнились полной святостью и не интересуетесь ничем земным, то и в таком случае наши приемы окажутся совсем не лишними. Другое дело, что их недостаточно, чтобы достичь полной святости. Нужны другие, более сложные, техники. Но это предмет отдельного разговора. Итак, начнем о чистках.

3.1. ПРОБЛЕМЫ КАРМИЧЕСКОГО ТЕЛА

В этом параграфе мы расскажем о том, какие проблемы в нашей жизни может создавать негативная информация, записанная в нашем каузальном (кармическом) теле.

Если вы помните, это тело входит в число тонких тел, относящихся к нашей душе, то есть к нашей **бессмертной составляющей** (монаде), переходящей из жизни в жизнь в ходе наших реинкарнаций. Следовательно, именно в нем (или, возможно, в каком-то ином из бессмертных тел) хранится информация о проблемах, возникших у вас в прошлой жизни.

Наш опыт показывает, что эти проблемы имеются далеко не у каждого человека. Искать в прошлых жизнях причины неудач имеет смысл только в тех случаях, когда проблемы вашей **текущей жизни никак не объясняются вашими ошибочными убеждениями и заполнением «сосуда кармы».**

Таких проблем **совсем мало**, но они бывают. Подобные проблемы обычно проявляются в необъяснимых поступках, страхах (фобиях) или в необъяснимых взаимодействиях с другим человеком (при наличии кармического узла).

Например, у нас встречались случаи, когда вполне взрослый человек боится воды и не умеет плавать. Или боится оставаться в закрытом помещении. Или из-за чувства вины не может пройти мимо любой бездомной собаки, не отдав ей всю имеющуюся у него еду (вопреки здравому смыслу).

Вариантов подобных фобий может существовать множество, и часть из них имеет корни в прошлых жизнях. А кармический узел, как вы уже знаете, может проявиться в **необъяснимой тяге к другому человеку**, создающей очень дискомфортные взаимодействия между вами.

Начинайте искать в настоящем

Если вы помните, ранее мы с большим сомнением относились к поиску причин имеющихся у человека проблем в прошлых жизнях. Нужно сразу сказать, что наше мнение не изменилось. Нам часто встречаются на консультациях люди, которым разные ясновидящие накопали массу проблем в прошлых жизнях. И якобы нынешняя жизнь является расплатой за те грехи.

Такой подход делает человека совершенно бессильным перед лицом неизвестного ему прошлого и фактически ставит его в полную зависимость от ясновидящего, который сам обнаруживает проблему и сам же берется ее излечить. То есть человек из плена религиозных (или политических) грехов попадает в плен грехов прошлых жизней. Все равно, как грех называется, лишь бы человеком можно было манипулировать!

Мы предпочитаем несколько иной подход. Не отрицая в целом наличие (но только иногда) проблем, принесенных из неизвестного нам прошлого, мы предлагаем вам **попробовать самостоятельно вычислить**, что за проблемы возникали у вас в прошлом. То есть **какую информацию о прошлых проблемах принесла с собой ваша бессмертная душа в эту жизнь.** Часто эту информацию можно вычислить самостоятельно.

Как самому считать свое прошлое

Сделать это можно следующим образом. Сначала вы подробно анализируете все имеющиеся в вашей жизни проблемы исходя из наличия «воспитательного» процесса по отношению к вам. То есть вычисляете ваши ошибочные убеждения и идеализации исходя из возможности применения по отношению к вам любого из пяти способов разрушения идеализаций. Или всех способов вместе.

И только если какая-то проблема совсем не находит объяснения в рамках модели «сосуда кармы», только тогда можно попробовать **простыми логическими рассуждениями понять, какие именно негативные события могли иметь место в вашем далеком прошлом.**

Например, если вы не любите воду и боитесь учиться плавать, то, скорее всего, у вас в кармическом теле записан ужас, который вы испытали в одной из прошлых жизней, когда тонули. Как тонули — на корабле или индивидуально, случайно или вас утопили — это желательно выяснить, чтобы можно было правильно перекодировать эту информацию.

Приведем нехарактерный пример.

Случай 25. Валентина, 47 лет, замужем, имеет одну вполне благополучную дочь.

Валентина родилась в небольшом городе в семье с очень властной матерью и пьющим отцом. Поэтому все ее детство прошло в бедности, обстановке конфликтов (переходящих в драки).

В возрасте 19 лет Валентина вышла замуж — только чтобы уйти из семьи. Но брак оказался на редкость удачным — муж любит ее до сих пор, в семье довольно ровные и теплые взаимоотношения. Ее муж вошел в руководство крупной российской добывающей компании, много лет работал в представительствах компании за рубежом, поэтому уровень обеспеченности семьи довольно высокий. Дочь закончила университет и вполне успешно начала свою деловую карьеру. Трудностей на личном фронте у нее вроде бы тоже нет.

Основной проблемой Валентины является семья ее родителей. Необъяснимым образом все ее мысли и эмоции вращаются вокруг взаимоотношений в семье ее родителей (поэтому особых эмоций на свою семью не остается).

Всю свою сознательную жизнь она помогала матери, отцу и запойному младшему брату, которые продолжали пить и выяснять отношения между собой. Брат несколько раз попадал в тюрьму, и Валентина с помощью адвокатов (и денег) вытаскивала его оттуда. Несколько лет назад ее отец погиб при неясных обстоятельствах (есть подозрение, что он погиб в драке с сыном). Через два года был убит ее брат. Мать переехала жить к ней, но все ее мысли были о погибших муже и сыне, Валентина почти не существовала для нее.

Эмоциональная привязка к проблемам семьи родителей, переживания за судьбу родственников, постоянное участие в их жизни привели к появлению у Валентины онкологического заболевания (первая стадия), которое случайно было обнаружено врачами и удалено хирургическим путем.

Диагностика ситуации

На момент проведения консультации «сосуд кармы» Валентины был заполнен на 92%. Онкологическое заболевание первой степени сложности — характерный «звоночек» от Высших сил о наличии неправильного отношения к миру. Точнее, это уже не звоночек, а колокол громкого боя.

Все проблемы в жизни Валентины связаны с семьей ее родителей. Ее главная проблема — **идеализация взаимоотношений между людьми** (точнее, между родственниками). По представлениям Валентины, близкие родственники должны быть мягкими, добрыми, сердечными, помогать друг другу. Откуда взялась такая идея у девочки, которая с самого детства видела только бедность, брань и драки, непонятно.

Этот случай мы отнесли к нехарактерным потому, что душа Валентины пришла в этот мир с довольно высокого этажа Тонкого мира (шестого или седьмого). Об этом свидетельствует вся ее последующая жизнь — ровная и очень обеспеченная, в семье с любящими мужем и дочерью.

Значит, ее **высокая душа должна была получить какой-то урок** в этой жизни. И, скорее всего, он заключался в **отказе от избыточной сердечности по отношению к близким людям**. Точнее, не в отказе, а в наработке умения правильно воспринимать жизнь и даваемые ею уроки. А урок был несложный — нужно было понять, что отношения между родственниками могут быть сердечными и теплыми. А могут быть и такими, как в семье родителей Валентины, где никто не ценил ее усилия и сердечность. Даже ее мать перед смертью, в бреду, вспоминала только своего мужа и сына и ни разу не произнесла имя Валентины (что ее очень обижало).

Откуда взялась у Валентины идеализация взаимоотношений между родственниками? Скорее всего, в этой жизни наработать ее она не могла — у нее не было подходящего примера. Поэтому, видимо, эту программу она принесла из неизвестного прошлого. Там, быв монашкой или очень примерной домохозяйкой, она накопила большой духовный потенциал (седьмой этаж Тонкого мира). Но, похоже, там же **она придавала избыточное**

значение взаимоотношениям между родственниками. Поэтому в нынешней инкарнации она родилась в очень неблагостной семье, где ее идеализации должны были быть разрушены. Ребенок, не обремененный программами из прошлого, должен был бы осудить поведение родителей и сам попасть в подобную «воспитательную» ситуацию. Подобные случаи мы уже рассматривали.

Но Валентина не вняла уроку жизни, а впала в обиды и осуждение родственников, которые не ценили ее усилий и не хотели жить так, как она считала необходимым. В итоге ее «сосуд кармы» переполнился, и Высшие силы включили колокол громкого боя.

Идеализации Валентины не распространялись на взаимоотношения в ее собственной семье, на уровень благосостояния и пр. Соответственно в семье у нее все было вполне благополучно. Ее муж и дочь терпеливо выносили ее бесконечные хлопоты с родственниками и даже принимали участие в разрешении очередных проблем (тюрьма, похороны и пр.). Хотя могли бы тоже заявить свои претензии на долю ее внимания.

На этом примере мы хотели бы показать, что в результате вполне логического анализа событий жизни человека **можно просчитать, какая инкарнационная программа могла иметь место в его тонком теле и какие идеализации человек мог принести с собой из прошлого.** В данном случае даже нет необходимости узнавать подробности прошлой жизни — достаточно понять, **какой урок пробует дать вам жизнь.** И усвоить этот урок, поддаться «воспитанию». Больше ничего не нужно.

Как самому считать информацию

Но как быть, если все же для изменения памяти о своем прошлом желательно точно знать, какие именно события имели там место?

Путей для получения подобной информации существует несколько.

Например, можно **во время медитации** сделать запрос и увидеть нужную вам картинку. Это часто получается, если вы эмоциональны и у вас хорошо развито воображение. Медитация может быть любая, а может быть специальная. Например, специальные реинкарнационные медитации для всех желающих проводят специалисты нашего Центра (более подробная информация в конце книги).

Можно задать себе вопрос **перед сном**. Возможно, ответ придет вам во время сна, особенно если вы будете повторять этот запрос несколько раз. Ответ может прийти либо в явном виде — вы увидите сон с событиями из вашего далекого прошлого, либо в виде сна, но с перекодированной информацией, которую опять же путем несложных размышлений можно понять.

И, наконец, можно **обратиться с прямым запросом к вашему подсознанию.** Как это можно сделать, довольно подробно описано в моей книге «Как формировать события своей жизни с помощью силы мысли».

В крайнем случае, можно **обратиться к реальным ясновидящим.** Важно только не ходить сразу к нескольким ясновидящим с одним и тем же вопросом, поскольку полученные ответы, скорее всего, будут разными и могут поставить вас в полный тупик. Поэтому при обращении к ясновидящему поработайте с одним ответом. Если он не дал эффекта, то можно обращаться за следующей подсказкой.

Точно так же можно работать и **с любой другой проблемой**, не имеющей объяснения с позиций «сосуда кармы». Вы боитесь замкнутых помещений — скорее всего, в вашем кармическом теле записан ужас, возникший во время смерти в замкнутом помещении (засыпало землетрясением или на войне, вас замуровали и т. п.).

Подобным образом можно найти вполне разумные инкарнационные причины многих имеющихся у людей «фобий». Важно только не увлекаться этими поисками. По нашим наблюдениям, **в 95% случаев причиной нынешних проблем являются ошибочные убеждения и идеализации.** И лишь в 5% случаев причины проблем лежат в прошлых жизнях.

Что делать с полученной информацией

Но вот, допустим, вы как-то узнали, какое именно негативное событие имело место в вашей жизни в далеком прошлом. Что можно и нужно сделать дальше?

А дальше все просто. **Нужно перекодировать эту информацию, хранящуюся в вашем кармическом теле.** Реально изменить ваше прошлое нельзя — оно давно прошло и его никак не вернуть. А вот вашу **память о нем** изменить совсем не сложно. Для этого мы рекомендуем выполнить следующее упражнение.

Оно выполняется либо непосредственно во время медитации, когда вы увидели события своей прошлой жизни. Либо позже, в любое свободное время, — если вы увидели информацию во сне, получили во время обращения к своему подсознанию или от ясновидящего.

Упражнение 1. Перекодируем свое прошлое.

Создайте обстановку, чтобы вас никто и ничто не беспокоило в течение 15—20 минут.

Займите удобное положение, закройте глаза, расслабьте мышцы тела, остановите бег мыслей.

Во всех подробностях (по возможности) рассмотрите (или представьте себе) то событие, в результате которого у вас возникла кармическая проблема (вы тонете, вас засыпает землей, вы убиваете другого человека или животное, вас принудительно лишают жизни и т. п.).

Теперь «отмотайте» эту картинку назад, к началу события. И сознательно **приделайте к событию благополучный конец.**

Например, вы тонули, но у вас неожиданно появились новые силы, вы сделали несколько взмахов руками и всплыли на поверхность. А там вас подхватили подплывшие на лодке люди. Или вас засыпало землей, но это заметил ваш друг. Он пригласил людей, и вас очень быстро откопали.

Порадуйтесь благополучному избавлению от несчастья. Мысленно поблагодарите Бога и своего Ангела-хранителя за помощь и избавление от беды.

Откройте глаза и вернитесь в нормальное состояние мыслей.

Как видите, упражнение совсем несложное. Оно доступно любому человеку, умеющему хоть что-то видеть на своем внутреннем экране. А если и этого нет, то все равно упражнение можно выполнять. Только вместо картинки нужно все то же самое проговорить (про себя) словами. Эффект будет таким же — положительным.

Перекодируйте свои сны

Это упражнение имеет более широкое применение, чем только изменение своей памяти о прошлом. Мы рекомендуем использовать его всегда, **когда вам снятся кошмарные сны.** Если вы проснулись от ужаса — во сне за вами кто-то гнался, вы падаете с обрыва, на вас наезжает машина или происходит иное столь же малорадостное событие, то не оставляйте его в таком виде. Перекодируйте его в лучшую сторону!

Для этого уже в проснувшемся состоянии закройте глаза, вспомните испугавшее вас сновидение и приделайте к нему благополучный конец. То есть если вы падаете с обрыва, то внизу оказываются не камни, а вода. Вы выныриваете и благополучно выбираетесь на берег. Если за вами кто-то гнался, то неожиданно появляется милиция и забирает хулиганов, а вас доставляет на машине домой. И так далее. **Тем самым вы можете изменить в лучшую сторону свое реальное будущее!** Возможно, во сне вам шла информация о каком-то негативном событии в вашем недалеком будущем. И если вы измените эту информацию, то шар вашей жизни может покатиться по другой, более благополучной, канавке. Помогите ему сделать этот шаг!

Таким образом, чтобы исправить информацию о негативных событиях в ваших прошлых жизнях (то есть почистить ваше кармическое тело), нужно осознать это событие и мысленно переделать его, оставив прежнее начало события и создав благополучный конец. Желаем вам успеха на этом этапе чистки.

А нам настала пора подвести итоги.

ИТОГИ

1. Для избавления от «воспитательных» кармических воздействий необходимо произвести чистку всех тонких тел человека.

2. Чистку тонких тел желательно начинать с кармического тела — в том случае, если в вашей жизни имеется проблема, принесенная из прошлой жизни. Подобные проблемы имеются не более чем у 5% людей.

3. Для проведения процедуры чистки кармического тела необходимо узнать, какое именно негативное событие имело место в одной из ваших прошлых жизней. Это можно сделать путем медитации, во сне, путем обращения к своему подсознанию или от ясновидящего.

4. Чистка кармического тела заключается в мысленном изменении хода негативного события таким образом, чтобы оно имело благополучный конец.

5. Мысленное изменение хода событий нужно проводить всегда, когда вы получаете информацию о негативных событиях в возможном будущем или прошлом (например, во сне).

3.2. «ЕЖИК СОБЫТИЙ». РАБОТАЕМ НА ОПЕРЕЖЕНИЕ

Продолжаем рассмотрение приемов чистки своих тонких тел.

Следующим за каузальным телом (в сторону уплотнения) идет ментальное тело, в котором хранятся все наши идеи, знания и информация о накопленном опыте. И там же хранятся те самые идеализации, которые создает наш беспокойный ум. А как вы помните, именно идеализации являются основой для создания нашего недовольства жизнью, заполнения «сосуда кармы» и попадания под «воспитательные» кармические воздействия.

Значит, на следующем этапе избавления от «воспитательных» воздействий нам **нужно избавиться от ошибочных убеждений и идеализаций, накопленных в нашем теле ментала.**

Поймите — вы живете в раю

Здесь тоже есть одна общая идея, к которой нужно стремиться. Она достаточна проста внешне, хотя далеко не всем ее легко понять и принять. Она имеет следующий вид: **вы должны признать, что в каждый момент времени вы живете в раю!** В любой момент вашей жизни, каким бы ужасным он вам ни казался!

Несложно понять, что достичь такого отношения к жизни нелегко. Жизнь давно и успешно «воспитывает» вас. Какой уж тут рай, хуже не бывает.

А вот действительно, может ли быть хуже? Вы наверняка не задумывались об этом. Да и зачем, ведь все методики (в том числе и наша Методика формирования событий) призывают нас думать только о хорошем. Вот мы и стараемся думать о хорошем, а жизнь все ухудшается и ухудшается.

Почему ухудшается — понятно. Мы жизнью недовольны, наш «сосуд кармы» пополняется, и жизнь применяет к нам все более строгие «воспитательные» меры. Обращаем ваше внимание, что это не наказание, не месть, а именно текущее исправление ваших ошибочных убеждений.

Поскольку мы мечтаем о лучшей жизни и продолжаем быть недовольными нашим нынешним состоянием, то, скорее всего, **ситуация будет ухудшаться и дальше.** Поэтому мы предлагаем вам не прятать голову в песок, как это делают страусы в случае опасности, а смело **заглянуть в свое возможное несветлое будущее**, где наверняка **все будет хуже, чем сейчас.**

Как будет хуже, понять несложно. Это **зависит только от того, какой стороной жизни вы недовольны.** Если вы недовольны семейной или личной жизнью, то ситуация будет ухудшаться именно здесь. Но если при этом работа для вас незначима, то здесь все может оставаться в порядке и вы можете неплохо зарабатывать. И наоборот, соответственно.

Как же быть, как избежать ухудшения будущей ситуации, если вы вычислили ваши основные идеализации? Как отказаться от них, если они такие родные и близкие вам?

Очень просто — понять, что **именно сейчас вы живете в раю.** Потому что если вы это не признаете, то рано или поздно наступит ад. И тогда вам станет значительно хуже, чем сегодня. Конечно, понятия рая и ада — условные. Что за рай в коммуналке со скандальными соседями? Можно ли вообще придумать ад по отношению к этой ситуации? Оказывается, если немного подумать, то легко. Например, ваша коммуналка сгорела вместе с вашими вещами, а власти не дают вам нового жилья. Оказавшись в этой ситуации, вы будете с теплотой и нежностью вспоминать свою жизнь в отдельной комнате, пусть даже со скандальными соседями. Именно так жизнь может доказать вам ошибочность ваших нынешних взглядов. Коммуналка по сравнению с жизнью на улице — настоящий рай, и вам нужно смело признать это.

Конечно, это очень слабый рай по сравнению с особняком за городом. Но никто не запрещает вам иметь особняк — если, конечно, вы в любой момент времени будете признавать, что живете в раю. Не осуждайте жизнь, а попросите у нее для себя особняк (или хотя бы квартиру). В этом мире есть все, и если вы хорошо и правильно попросите, то обязательно получите. Но об этом мы уже рассказывали.

Именно такой подход — **признание того, что в любой момент вы живете в раю,**— может обеспечить вам перекрытие всех клапанов «сосуда кармы» и чистку ментального тела.

Идея вроде бы не сложная, но, как показывает опыт, ее очень сложно воплотить в жизнь, даже если вам понятны ваши ошибочные убеждения.

Нужен какой-то вполне **реальный прием** типа техники интенсивного дыхания, стояния на одной ноге или очистки себя пламенем свечи. Эти **действия** понятны и доступны всем, но, к сожалению, они не годятся для очистки наших ошибочных убеждений. Почему? Да потому, что ошибочные убеждения — порождение нашего ментального тела. А ментальное тело стоянием на одной ноге не изменишь — оно слишком далеко расположено от нашего физического тела, с которым мы можем таким образом работать.

Инструменты исправления ошибочных убеждений

Значит, нужно найти какие-то инструменты, работающие на уровне нашего отношения к жизни, на уровне наших убеждений. Существует ли такой готовый инструмент? Конечно, существует. Человечество много чего уже выдумало. Например, это самопрограммирование с помощью различного рода **позитивных утверждений**, или **аффирмаций**. Более подробно с позитивными утверждениями вы можете ознакомиться в книгах В. Жикаренцева, Л. Хей и у других авторов.

Аффирмации

Эти техники направлены на вытеснение из нашего ментала ошибочных убеждений и **заполнение его положительными мыслями**. Дело это не плохое, но **требует больших усилий** по перепрограммированию ошибочных убеждений.

Ваш беспокойный и неконтролируемый ум за много лет изрядно заполнил ваш ментал разными идеализациями и ошибочными убеждениями. Значит, чтобы их вытеснить побыстрее, вам нужно **как можно более интенсивно и энергично насыщать себя положительными мыслями.** Общее количество положительных мыслей **должно**

быть не меньше, чем количество заполняющих ваш ментал отрицательных убеждений. А поскольку многих лет на вытеснение ошибочных убеждений у вас нет, то **интенсивность процесса перепрограммирования должна быть очень высока.**

Это легко достигается на групповых занятиях с хорошим ведущим, который создает высокоэнергетическую обстановку коллективной эйфории и возбуждения. Два-три семинара, и вместо осуждений у вас в голове останется одна любовь.

Но вот если вы занимаетесь по этим методикам самостоятельно, по книгам, то результаты придут далеко не так быстро. Вам очень сложно будет вызвать в себе состояние восторженного экстаза в то время, когда голова переполнена проблемами и сомнениями. Кому-то это удается, и это очень хорошо. Аффирмации срабатывают. А что делать тем, кто хотел бы верить во все хорошее, но в голове крутятся все те же негативные мысли, и с этим ничего не удается поделать?

Ни в коем случае не отвергая техники самопрограммирования (мы тоже используем их, но на третьей стадии формирования нужных вам событий), можно предложить еще один, чисто ментальный, прием работы со своими ошибочными убеждениями.

Не будем ждать плохого будущего

Прием этот очень прост и исходит из несложной мысли: давайте не будем ждать, пока жизнь предъявит к нам все свои «воспитательные» средства. Давайте **опередим ее — сами допустим в свою жизнь то, что она нам может предъявить в качестве мер «воспитания».** Допустим не в реальности, а только мысленно. Как можно это сделать? Да очень просто! Для этого служит несложное упражнение, которое мы назвали «Ежик событий».

Рассмотрим, как оно работает, если вы зациклены на одном варианте развития событий и не допускаете, что жизнь может складываться по-иному. Например, в мыслях вы видите своего отца (или мать) чутким, деликатным, воспитанным человеком. Возможно, он когда-то таким и был, вы не допускаете его в свою жизнь иным (идеализация взаимоотношений между людьми). Поэтому сейчас (в пожилом возрасте) он может предъявлять вам негативные черты характера, такие, как грубость или скандальность. **И чем больше вы будете осуждать его за поведение, тем хуже он будет становиться** — по отношению именно к вам. Его взаимоотношения с другими людьми могут быть как плохими, так и хорошими. Но по отношению к вам уровень его «хужести» будет постоянно возрастать, пока вы не измените свое отношение к нему. А сделать это совсем несложно.

Вы считаете, что ваш отец — самый худший в мире? Если вы задумаетесь над этим вопросом, то наверняка признаете, что это не так. На самого плохого человека всегда можно найти еще более худшего. Так вот, чтобы ваш отец не становился хуже, вы **должны мысленно допустить его в свою жизнь в еще более худшем виде.** Заранее, не дожидаясь, пока он таким станет. Тогда то, что он предъявляет вам в реальности, будет лишь слабой частицей того, **что он мог бы вам предъявить.** То есть он мог бы быть и хуже, а вот не становится таким. Смотрите, какой благородный! А вы его осуждали. Но он таким наверняка станет, если вы не измените свое отношение к нему. То есть сегодня вы находитесь с ним в раю, а через некоторое время можете оказаться в аду.

Именно такая логика может примирить вас с любой существующей ситуацией, какой бы плохой на первый взгляд она ни казалась.

И именно на этом принципе работает предлагаемое нами упражнение.

Упражнение 2. «Ежик событий»

Создайте обстановку, чтобы вас никто и ничто не беспокоило в течение 15—20 минут.

Займите удобное положение, закройте глаза, расслабьте мышцы тела, остановите бег мыслей.

Представьте вашу жизнь в виде множества вариантов развития событий. Например, в виде набора иголок, исходящих из одной точки. Получится что-то, похожее на свернувшийся в клубок «ежик событий», показанный на рис. 3.

Из всех вариантов возможного развития событий вы хотели бы видеть только один, вас устраивающий (одна иголка). В реальности, в порядке разрушения ваших идеализаций, жизнь последовательно предъявляет вам серию ухудшающихся вариантов развития событий (вторая и последующие иголки).

Представьте себе, как будет складываться ваша жизнь, если «воспитательные» процессы будут продолжаться, то есть будут реализованы варианты ухудшения развития событий (последующие иголки «ежика событий»).

Проживите мысленно каждый из вариантов ухудшения событий в течение 10—15 минут. Представьте, что вы будете делать, как будут складываться ваши взаимоотношения с людьми и миром, какие мысли будут вас одолевать.

В конце каждого варианта мысленно скажите: «Господи! Если тебе будет угодно сделать мою жизнь такой, то я приму ее без ропота и обиды. Видимо, за что-то я должен получить этот урок. Если он мне нужен, то я приму его с благодарностью. Но если можно, то я прошу сделать так, чтобы... (и указываете ваш самый первый и желательный вариант развития события)».

Таким же образом мысленно проживите еще несколько вариантов ухудшения развития событий по мере нарастания «воспитательных» воздействий (остальные иголки «ежика событий»). В конце каждого варианта подтвердите, что вы примите его как урок, без гнева и осуждения, но просите его не применять по отношению к вам.

В конце еще раз мысленно подтвердите, что вы не осуждаете нынешнюю ситуацию, а воспринимаете ее как урок, который вы заслужили своими мыслями или поступками. Вы благодарны за него, принимаете нынешнюю

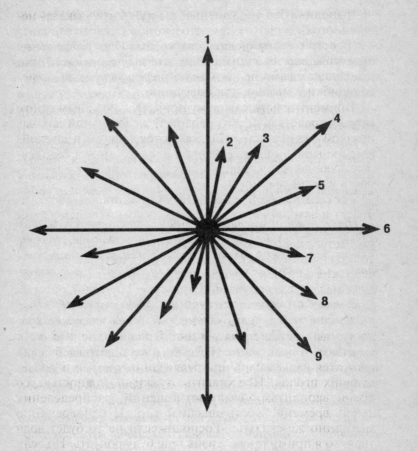

Рис. 3. «Ежик событий»

ситуацию как очень хорошую и просите, если возможно, улучшить ее желательным для вас образом.

Выполняя это упражнение, вы избежите «заказа» негативного будущего — тем, что в конце каждого варианта вы просите **не применять его** к вам. И одновременно подтверждаете Высшим силам, что вы принимаете происходящее с вами не как наказание, а как урок за какие-то ошибки в мыслях или поведении.

Применительно к нашему примеру с пожилым отцом можно представить, что первой и желательной для вас иголкой «ежика событий» являются ровные и спокойные взаимоотношения. Второй иголкой может быть существующая ситуация, когда он предъявляет вам грубость и конфликтность.

Третьей иголкой **может стать** ситуация, когда он заболеет и вам придется ухаживать за ним. Причем характер его не изменится в лучшую сторону даже при болезни. Четвертая иголка — он стал пить и приводить в дом собутыльников. Пятая иголка — он привел в дом нескольких женщин. Шестая иголка — он стал издеваться даже над своими внуками. Седьмая — он устроил пожар. Восьмая — он продал все вещи из дома. Девятая — и т. д.

Иголок может быть множество, и **все их нужно прожить, не обижаясь на жизнь.** Прожить не наяву (к счастью), а мысленно. То есть представить себе, как сложится ваша жизнь при реализации третьей и последующих иголок. Представить эту жизнь полностью, со всеми вариантами взаимоотношений, распределения денег, времени, жилплощади и т. д. И одновременно мысленно же сказать: «Господи, если на то будет воля твоя, то я приму такую жизнь и не буду роптать. Но если можно, то пусть мой отец перестанет ругаться и тащить из дома деньги».

Именно такое мысленное проживание позволит вам **опередить «воспитательные» воздействия** жизни и доказать ей, что вы знаете о всех ее возможных будущих санкциях и **готовы принять их**. И что нынешнюю ситуацию вы воспринимаете как очень хорошую, которая из-за вашего же недовольства может сильно ухудшиться.

Но вы уже отказались от недовольства, так что жизни нет необходимости применять по отношению к вам эти самые, более худшие, варианты. Если все хорошо, то дальше может быть только лучше.

Подобные рассуждения мы рекомендуем применять для разрушения любых идеализаций и вытекающего из них недовольства жизнью. Ожидая от жизни более худшего, можно всегда радоваться настоящему.

Не станет ли хуже?

Предваряя неизбежные вопросы, сразу скажем, что упражнение **не является заказом негативного будущего.** Не является потому, что в конце каждого мысленного проживания возможного будущего вы обязательно говорите: «Господи, если это произойдет, я приму это без ропота и гнева. Но если это возможно, пусть все произойдет так, как я хочу (и далее приводится ваш вариант развития событий)».

Тем самым вы даете понять Высшим силам, что **вам не нужен этот, негативный, вариант развития событий.** Вы готовы к нему, но он вам не нужен. А нужен другой, тот, который пока никак не получается. То есть вы переводите свою цель из разряда требований в разряд просьбы, чем унижаете свою гордыню. А негордынистых Высшие силы любят и помогают им. Если они, конечно, о чем-то попросят.

Не знаем, удалось ли нам убедить вас в эффективности этого упражнения. Попробуйте. Если оно вас устроит, замечательно. Если не устроит, поищите что-то еще. Аффирмации, например. А мы пока перейдем к подведению очередных итогов.

ИТОГИ

1. Для исправления вашего недовольства жизнью необходимо признать, что в любой момент времени вы живете в раю.

2. Во избежания ухудшения ситуации в процессе разрушения ваших идеализаций вы можете сработать на опережение. Для этого попробуйте мысленно прожить варианты возможного ухудшения вашего нынешнего положения. И в конце мысленно сообщите, что вы готовы принять эту ситуацию без недовольства и осуждения. Но если можно, то вы просите улучшить вашу нынешнюю ситуацию.

3. Упражнение по мысленному проживанию более худших событий называется «ежик событий». Каждая иголка означает ситуацию, часть из которых уже реализовалась, а часть может происходить по мере заполнения вашего «сосуда кармы».

3.3. ДОЛОЙ НЕГАТИВНЫЕ ЭМОЦИИ!

В этом параграфе мы хотим рассказать о тех приемах, которые можно использовать для очистки следующего тонкого тела — тела эмоций. Именно **в этом теле хранятся все наши обиды, осуждения, память о приступах ревности или гнева и обо всех остальных радостных (и не очень) эмоциях.** Если эмоции были хорошими, то память о них делает нашу жизнь более приятной, и мы соответственно не будем бороться с ними.

Другое дело — негативные эмоции. Почти любой человек с детства испытывал множество таких переживаний. Возможно, они одолевают вас и сегодня. Откуда они берутся — мы об этом уже не раз рассказывали. Наш ум строит модели идеального мира, и реальный мир всегда отличается от них. Заметив это отличие, можно позволить ему иметь место и не обращать на него внимания. Можно постараться переделать мир по своему разумению (если получится). А можно ничего не делать, а просто испытывать массу негативных переживаний — почему все так неправильно и нехорошо.

Эмоции хранятся в виде мыслеформ

Каждое наше переживание сопровождается определенным набором мыслей. В итоге каждая сильная эмоция образует соответствующую мыслеформу (некий сгусток энергии и информации), которая в виде пятна грязно-серого или коричневого цвета (в случае негативной эмоции) хранится в нашем теле эмоций. Чем сильнее обида или осуждение, тем больше и плотнее соответствующая мыслеформа.

Таким образом, все наши переживания, к сожалению, никуда не исчезают. Они **запоминаются в нашем теле эмоций** и являются инициаторами вспышки очередных переживаний нашего неконтролируемого ума. Поэтому стоит вам только увидеть на улице (или в любом другом месте) человека, хотя бы чуть похожего на вашего обидчика, как тут же память услужливо подтаскивает соответствующую мыслеформу и механизм переработки ваших жизненных сил запускается в очередной цикл. Вы вспоминаете нанесенные вам обиды, вновь переживаете их и тем самым усиливаете уже имеющуюся мыслеформу обиды на этого человека. Она становится более плотной и массивной. Несложно понять, что одновременно заполняется ваш «сосуд кармы».

Все обиды носим с собой

Соответственно годам к сорока вы можете носить на себе множество больших негативных мыслеформ, каждая из которых связана с определенным человеком — отцом, матерью, детьми, мужем (или женой) и любыми другими людьми, с которыми вы сталкивались в жизни и по отношению к которым у вас возникали негативные переживания.

Со временем острота переживаний стирается, обиды и осуждение вроде бы проходят. Во всяком случае, нам так представляется, поскольку эти события и связанные с ними переживания выпали из нашей памяти. Но на деле это, к сожалению, не так. Негативное переживание детства может выпасть из нашей памяти, но из тела эмоций без специальных процедур, к сожалению, не может.

Точнее, негативная мыслеформа тоже потихоньку рассасывается, но очень медленно. Особенно если она создавалась в течение многих лет, когда мы обижались или осуждали какого-то человека. За многие годы такая негативная мыслеформа стала большой и плотной, и **простым забвением вашего обидчика она не стирается.** Не стирается она и тем, что вы сознательно простили своих обидчиков. Через одномоментное прощение перекрывается соответствующий клапан «сосуда кармы», но уровень его заполнения не изменяется.

А поскольку обида или осуждение хранится в вашем тонком теле, то ваш кармический «воспитатель» в соответствии с третьим способом разрушения идеализаций **должен поставить вас в ту же позицию, в которой находился человек, которого вы когда-то осуждали.**

Мы уже приводили пример с семейной кармой. Ребенок в детстве и юности осуждает родителей за их негармоничные взаимоотношения. Соответственно в его теле эмоций записывается большая мыслеформа осуждения родителей. Когда ребенок вырастает, он может сознательно простить родителей и изменить к ним отношение (особенно если они разошлись или кто-то из них умер). Но мыслеформа обиды или осуждения родителей никуда при этом не девается. Она просто отодвигается подальше от «словомешалки», но вы по-прежнему носите ее с собой. И ваш кармический «воспитатель» знает об этом. А раз знает, то он должен применить «воспитательные» меры по отношению к вам — создать для вас ту же ситуацию, которая так раздражала вас у ваших родителей.

Стираем негативные мыслеформы

Значит, чтобы избежать «воспитательных» процессов, нужно каким-то способом **стереть эту мыслеформу в вашем теле эмоций**. И лучше всего это может сделать кто? Конечно, вы сами, поскольку голова и все остальные проблемные части ваши. Только вам для такой чистки нужен какой-то специальный инструмент. Обычные щетка или скребок тут вряд ли сгодятся, нужно что-то такое, что сможет взаимодействовать с тонкой материей вашего тела эмоций. Подобные инструменты хорошо известны, и об одном из них мы хотим вам рассказать.

Чем стираются мыслеформы

В принципе, инструментов для стирания негативных переживаний придумано множество. Это известное **«фиолетовое» движение**, когда с помощью специальных упражнений человек наполняет себя фиолетовым светом, который стирает все негативные переживания. Это **холодинамика**, когда с помощью специальных процедур специалисты выявляют самое острое негативное переживание и заменяют его на положительную эмоцию. Это **метод духовно-эмоционального целительства**, когда специалист выявляет ваши эмоциональные проблемы и вместе с вами перепрограммирует их. Это **ребефинг**, когда в режиме кислородного отравления вы вновь переживаете негативные эмоции и тем самым выводите их из себя.

Наверное, существует еще множество других методов очистки от негативных эмоций, полученных вами в прошлом. Другое дело, что эти методы работают в основном **с одной, самой сильной и отравляющей вашу жизнь, эмоцией** (обида на бросившую вас любимую, ушедшего к другой женщине мужа и т. п.). А кармическое «воспитание» может проводиться **за любую из накопленных вами негативных мыслеформ.** В том числе за такую, о которой вы уже **давно забыли**.

Чистим тело эмоций тотально

Поэтому мы предлагаем вам чистить тело эмоций тотально. То есть очищаться от любых **негативных мыслеформ,** которые когда-то возникли (или только могли возникнуть) в связи с взаимоотношениями с какими-то людьми. А поскольку в течение жизни вы сталкивались со множеством людей, то и чистить тело эмоций нужно по отношению **ко всем этим людям.**

Если лет у вас набралось немало и в жизни вы не отличались избыточной деликатностью, то вы можете носить с собой сотни негативных мыслеформ — по числу людей, по отношению к которым у вас когда-то были негативные переживания. Представляете, как выглядит ваше тело эмоций? Это сплошной грязно-серый клубок негативных переживаний. Чтобы очистить его, придется немало попотеть. И тетя-экстрасенс со свечками и шаманскими заклинаниями тут вам вряд ли поможет. Она сотрет одну-две мыслеформы, а остальные будут отравлять вашу жизнь и давать пищу вашей «словомешалке».

Вспомните всех ваших знакомых

Поэтому мы рекомендуем **составить список всех людей**, с которыми вы так или иначе сталкивались в детском саду, школе, институте, на работе, в семейном кругу и т. д. В список заносите всех, кого сможете вспомнить.

Конечно, первыми в списке должны идти люди, по отношению к которым вы испытывали **самые острые негативные эмоции**. А потом все остальные. И чистить тело эмоций придется по отношению **к каждому из этих людей по отдельности.** Дело это непростое и потребует месяц-два непростой работы.

Быстрой чистки не бывает

Если вы попробуете просто простить всех ваших бывших врагов, и даже переполнитесь благости и любви к ним, то вряд ли сразу выйдете из-под кармического «воспитания». Любовь к прежним врагам всего лишь означает, что вы **перекрыли клапаны**, по которым ваши грехи поступали в «сосуд кармы». Значит, ваш сосуд перестал пополняться. Но это совсем не означает, что уровень его заполнения сразу уменьшится. Со временем — да, но не сразу.

Поэтому может возникнуть ситуация, когда вы уже всех любите, а изменений к лучшему не происходит, и даже совсем наоборот. Очень нерадостная ситуация, не так ли? Что же можно сделать, оказавшись в этом положении?

Если вы вспомните структуру выводящих труб «сосуда кармы», то там есть труба под названием «Осознанные поступки». Видимо, для быстрой очистки вашего сосуда нужно воспользоваться ее выводящими способностями. То есть **осознанно совершить поступки по чистке вашего сосуда.** Обычные милосердие и благотворительность здесь годятся, но это не быстрый путь. Чтобы эта труба начала более активно сливать ваши грехи, нужно выполнять специальные упражнения.

Одно из таких упражнений, которое мы рекомендуем использовать для чистки «сосуда кармы», называется «Медитация прощения».

Это достаточно известное упражнение, используемое в различных духовных школах в том или ином варианте. Это упражнение одновременно будет **помогать вам остановить вашу «словомешалку».** Оно основано на известном **принципе вытеснения** неконтролируемых мыслей другими, положительными, мыслями.

Упражнение выполняется в любое время, когда ваша голова не загружена выполнением работы или контролируемыми размышлениями. Например, когда вы идете по улице, едете в автобусе, сидите на совещании, стоите в очереди и т. д. То есть как раз тогда, когда ваша воля ослабевает, осознанной загрузки для головы нет и «словомешалка» стремится запуститься на полную мощь.

Упражнение 3. «Медитация прощения»

Выберите человека, по отношению к которому вы будете стирать мыслеформу вашей обиды на него. Например, пусть это будет ваш отец.

Начинайте мысленно многократно подряд повторять фразу: **«С любовью и благодарностью я прощаю моего отца».**

Эту фразу нужно повторять до тех пор, пока у вас в груди не появится чувство тепла, исходящего из области сердца. Такое ощущение покажет вам, что вы полностью стерли мыслеформу обиды на этого человека. Общее время медитирования может составлять три—пять часов, которое складывается из эпизодических медитаций в любое свободное (от загрузки головы) время.

После очистки от мыслеформы обиды на отца начинайте мысленно повторять следующую фразу: «С любовью и благодарностью мой отец прощает меня». Тем самым вы сотрете в своем теле эмоций ту мыслеформу обиды, которую «навесил» на вас обижающийся отец (вы наверняка иногда доставляли ему огорчения, и он обижался на вас).

Эта фраза повторяется до тех пор, пока у вас в груди опять не появится ощущение тепла. Или если вы закроете глаза и увидите образ отца. Если процедура стирания его мыслеформы обиды успешно завершена, то ваш отец может повернуться к вам лицом (на мысленном экране), улыбнуться и даже помахать вам рукой. Это говорит о том, что ваше тело эмоций очищено от «навешенных» им на вас обид и других негативных эмоций.

Медитируйте на всех известных вам людей

Мы рассмотрели медитацию прощения только по отношению к отцу. Как вы понимаете, это только первый шаг к чистке вашего тела эмоций. Далее нужно провести эту же медитацию по отношению к **матери, братьям или сестрам, мужу или жене** (сколько бы их у вас ни было). Далее помедитируйте **на всех родственников,** которые хоть как-то вмешивались в вашу жизнь (на каждого по отдельности). **На знакомых** по работе или увлечениям. **На ваших любимых,** с которыми вы расстались. На **саму (или самого себя).** Фраза для медитации здесь та же: «С любовью и благодарностью я прощаю сама (сам) себя».

Людям свойственно осуждать или обижаться на самого себя (почему я такой неудачный, некрасивый, застенчивый, глупый и т. д.). Но **осуждение себя — это такой** же грех, как и осуждение других людей. Поэтому обязательно нужно простить себя, любимого (или любимую).

Затем желательно так же помедитировать **на жизнь**. Скорее всего, вы иногда обижались на жизнь — например, за то, что она забрала у вас любимого или родственника, почему у вас все так плохо и т. д. Фраза для медитации на жизнь будет иметь следующий вид: «С любовью и благодарностью я прощаю жизнь, и жизнь прощает меня».

Общее время медитации прощения зависит от того, сколько обид на жизнь вы накопили за свои годы. Медитация на людей, с которыми у вас были самые конфликтные отношения, потребует **несколько часов медитации суммарно.** Для старых знакомых или родственников, о которых вы вспомнили с трудом, суммарное время медитации может составлять десять—тридцать минут на каждого.

Прикиньте свои затраты на выполнение этого упражнения. Например, для полной очистки от всех обид человеку в возрасте за сорок лет потребуется не менее месяца работы над собой в любое свободное время. Общее время медитации должно составить не менее десяти часов.

При прочтении этих строк может возникнуть вопрос: Почему нужно так долго повторять медиацию прощения? Ведь вы уже не помните обид на одних людей, простили других и даже сочувствуете проблемам третьих. Ваш ментал чист, так за что же вас воспитывать?

Грехи, как грязное пятно на бумаге

Чтобы ответить на этот вопрос, попробуем воспользоваться простым сравнением. Представьте себе, что ваша негативная мыслеформа — это грязное пятно на листе бумаги. Чем больше и плотнее мыслеформа, тем больше размер пятна на бумаге.

Вам нужно очистить бумагу, и у вас для этого есть небольшая резинка для стирания. Каждое движение резинки очищает маленькую площадь загрязненной поверхности. Чтобы очистить весь лист, вам нужно сделать множество чистящих движений. И чем больше пятно, тем большее количество движений вам придется сделать.

Именно поэтому мы предлагаем многократно повторять в уме медитацию прощения. Каждое повторение стирает только маленькую часть вашей мыслеформы, поэтому для полной очистки медитацию нужно повторять много-много раз. А осознание ошибочности своих прежних убеждений и прощение ваших недругов — это сильный и большой ход, который позволяет стереть наиболее выступающую часть вашей негативной мыслеформы. Хотя и большую, но все-таки часть.

Поэтому после чистки ментала и принятия всех проявлений этого мира **не оставляйте в покое ваши прежние обиды и негодования.** Поработайте с ними отдельно, и вашему «смотрителю» не придется применять к вам «воспитательные» меры.

А мы пока перейдем к подведению очередных итогов.

ИТОГИ

1. Все испытываемые нами в жизни негативные переживания откладываются в нашем теле эмоций в виде мыслеформ (сгустков мыслей и эмоций) темного цвета.

2. Негативные мыслеформы не стираются сразу при изменении нашего отношения к миру и прощении наших прежних недругов.

3. Для ускорения очистки тела эмоций предлагается проводить медитацию прощения, в ходе которой в результате многократного повторения определенной фразы негативная мыслеформа стирается.

4. Медитацию прощения необходимо проводить по отношению ко всем людям, с которыми у вас в жизни были какие-то взаимоотношения, включая всех родственников и знакомых, себя и жизнь.

3.4. ЭФИРНОЕ ТЕЛО — ОСНОВА ФИЗИЧЕСКОГО ЗДОРОВЬЯ

Эта книга, если вы еще помните ее название, посвящена чистке «сосуда кармы». А заполнение «сосуда», опять же если напрячь память, происходит в результате наличия у нас ошибочных убеждений и возникающих в итоге негативных эмоций.

Как видим, в этой схеме совершенно не участвуют наши физическое и эфирное тела. Они, конечно, тоже выполняют свою роль в «воспитательном» процессе, но только **как исполнительный инструмент**. То есть если у вас в результате длительных негативных эмоций возникли большие и плотные мыслеформы, то они своими выпуклостями буквально вторгаются в эфирное тело и вызывают искажения в течении эфирных потоков. Такие длительные искажения эфирных потоков со временем приводят к заболеваниям уже органов нашего физического тела. Однозначной обратной связи — от физического и эфирного тела к более тонким — вроде бы не наблюдается.

Так что для чистки нашего «сосуда кармы» эфирное тело нам не подмога. И физическое тоже. Их можно лечить, подпитывать энергией, чистить от внешних «навесок». Но к «сосуду кармы» это имеет очень косвенное отношение.

Это вовсе не означает, что у нас нечего сказать по поводу этих тел. О физическом теле мы поговорим позже, а о способах чистки эфирного несколько слов скажем сейчас.

Три источника заболеваний

В предыдущей книге мы предложили некоторую систему взглядов на возможные причины возникновения заболеваний. Согласно этой системе, у человека могут быть болезни тела, души и духа.

Болезни тела возникают в результате неправильного обращения человека со своим телом. Это перегрузки, нарушения температурных режимов, неправильное питание или режим отдыха и т. д. Соответственно болезнь возникает как нарушение сразу обоих тел — физического и эфирного. Отсюда можно понять, что даже самый высокодуховный человек, который совершенно не заботится о своем теле, может болеть долго и тяжело. И, как несложно догадаться, к ошибочным убеждениям эти болезни отношения иметь не будут. За исключением ошибочного отношения к здоровью своего тела.

Болезни души возникают в результате энергоинформационных обменов между людьми. Эти обмены бывают на нескольких уровнях — ментальном, эмоциональном и эфирном. Здесь мы не станем рассматривать технологии энергоинформационных нападений и защиты — это довольно подробно делают другие авторы.

Мы лишь констатируем, что эти обмены тоже имеют весьма **косвенное отношение к «сосуду кармы»**. То есть если ваш «сосуд» почти пустой, то никакие внешние воздействия к вам не пристанут. А если «сосуд» заполнен наполовину и больше, то в вашем теле ментала (или эмоций) имеется множество мыслеформ, к которым смогут прилепиться внешние воздействия («подвески», «клише», сглаз, порча и т. д.). И **чистить такие «подвески» нужно отдельно**, независимо от ваших ошибочных убеждений и уровня заполнения «сосуда кармы». Но об этом мы уже рассказывали.

И только **болезни духа** имеют прямое отношение к заполненности «сосуда кармы». То есть они как раз и возникают в результате заполнения «сосуда» и применения к нам «воспитательных» воздействий в виде заболевания.

Поэтому в случае возникновения болезни духа **искажения в эфирном теле являются следствием наличия в теле эмоций больших негативных мыслеформ.**

Соответственно воздействие целителя **только на эфирное тело** может привести лишь к временному улучшению состояния здоровья. Без работы над отношением к жизни и чистки тела эмоций **негативная мыслеформа никуда не исчезает и продолжает вносить искажения в**

эфирное тело. Соответственно искажения в эфирном теле и болезнь физического тела рано или поздно должны возвратиться. Именно поэтому мы не рекомендуем лечить кармические заболевания без изменения отношения человека к миру.

Но вот если мы почистили наш ментал и тело эмоций, то никто не мешает помочь нам побыстрее вернуться в здоровое состояние. И тут годятся любые способы. Это могут быть как внешние воздействия на наше тело здоровья (эфирное тело), так и самостоятельная работа человека со своей энергетикой.

Виды внешних воздействий на эфирное тело

К внешним воздействиям мы относим помощь различных целителей, сочувствие других людей и использование специальных технических устройств. Рассмотрим каждую из этих позиций чуть подробнее.

Подавляющее большинство **целителей** работают на уровне эфирного тела, то есть лечение производится **путем принудительного восстановления течения эфирных потоков.** В результате различного рода воздействий они устраняют искажения в течении потоков энергии эфирного тела и увеличивают его толщину. Тем самым наше здоровье улучшается, хотя иногда только на время. С энергиями эфирного плана работают все экстрасенсы, бионерготерапевты и специалисты по рейки.

Следующий источник подпитки нашего эфирного тела — это **сочувствие других людей.** Любое сочувствие или сопереживание есть своего рода донорство, но донорство энергетическое. Мы сочувствуем людям больным, слабым, испытывающим удары судьбы или ослабленным в результате неконтролируемой работы своей собственной «словомешалки». Тем самым мы отдаем им часть наших жизненных сил — то есть энергии эфирного плана. Дело это неплохое, но до тех пор, пока у нас хватает для этого здоровья и жизненных сил. А вот если своих сил маловато, то избыточное сочувствие может стать причиной возникновения ваших собственных внутренних заболеваний.

Сопереживание имеет место во многих взаимодействиях между людьми. Например, хороший врач или психолог сочувствует пациенту и тем самым передает ему часть своих жизненных сил. В итоге сердечные врачи болеют чаще, чем холодные, формально относящиеся к своим пациентам.

Те же взаимодействия имеют место и в школах, где учитель может либо просто передавать свои знания ученикам, либо может вкладывать в них душу, то есть добавлять к знаниям часть своих жизненных сил. Другое дело, что слушателем учителя является большая группа сравнительно здоровой молодежи, и она возвращает учителю жизненные силы в процессе почитания и любви к такому учителю. Врач такой толпы «доноров» обычно не имеет.

Аналогичные взаимодействия между людьми можно найти почти в любой сфере деятельности. И если достаточно профессионально просить (и получать) сочувствие разных людей, то можно значительно улучшить свое здоровье (или хотя бы самочувствие). Что, в общем-то, некоторые люди с успехом и проделывают.

Еще один источник получения энергии эфирного плана — использование специальных технических средств. Но об этом мы подробно расскажем в следующем параграфе книги.

Виды самостоятельных воздействий на эфирное тело

Кроме внешних воздействий существует множество способов **самостоятельного улучшения состояния своего эфирного тела.** То есть чистки от различного рода вредных влияний и улучшения своего здоровья.

Большинство этих способов вам хорошо известны. Например, это самое обычное **закаливание** — например, по системе А. Иванова. Или контрастный душ. Или любая другая техника воздействия на физическое тело, в результате которой возникает мощный эмоциональный всплеск — чтобы аж «дух захватило». В результате такого мощного всплеска положительных эмоций наше тело здоровья получает дополнительную порцию энергии. И здоровья, естественно.

Еще одна хорошо известная техника — это **интенсивное дыхание**. Например, хатха-йога. Об одном из таких способов — «дыхании по треугольнику» — мы рассказывали в первой книге.

Не менее эффективный способ чистки сразу двух тел — эфирного и эмоционального — это система интенсивного дыхания под названием «ребефинг» или ее модификации («вивейшн», холотропное дыхание).

Еще одна мощная система энергетической зарядки — это **специальные восточные гимнастики**, и в частности цигун. Если есть возможность походить на такие занятия, то эти техники могут дать прекрасные результаты.

Но хатха-йога или цигун — это целые системы жизни, изучение и использование которых требует наличия большого желания, свободного времени, денег и учителя. Далеко не у всех это есть.

Медитация «Чакровое дыхание»

Для тех, у кого нет возможности посещать специальные занятия, мы могли бы рекомендовать специальную **дыхательную медитацию** под названием «Чакровое дыхание» («Chakra breathing») из группы медитаций школы Шри Раджниша (Ошо). Магнитофонная запись такой медитации продается во всех магазинах, торгующих оккультными товарами (наш Центр не распространяет эту запись).

Медитация представляет собой запись трех циклов интенсивного дыхания по 15 минут каждый. То есть вы услышите громкое дыхание человека под специальную ритмичную музыку. Ваша задача — встать в удобную позу, закрыть глаза и через рот глубоко дышать в такт с человеком, ведущим медитацию. Дыхание мысленно нужно будет направлять по позвоночнику последовательно в каждую из чакр, начиная с первой (копчик) и заканчивая последней (макушка). О структуре и месте расположения чакр на теле человека мы рассказывали в предыдущей книге.

Конечно, во время дыхания воздух будет попадать вам в легкие и выходить обратно. Но мысленно вы **должны направлять импульс энергии** на вдохе **прямо в чакру**. В каждую чакру нужно будет дышать всего по две минуты. То есть на «продыхивание» семи чакр уходит четырнадцать минут, затем в течение одной минуты нужно продышать все чакры поочередно, сверху вниз. После минутного перерыва цикл дыхания повторяется, и так три раза.

Конечно, эта медитация требует определенных усилий. Но она очень энергетична и легко вышибает из вашего организма любые предболезненные состояния (когда у вас возникает явное ощущение надвигающегося заболевания). Эта же медитация легко счищает с вас негативные энергоинформационные «навески» типа недобрых взглядов или недоброжелательных эмоций (злобы, зависти и т. д.), которые в народе называются «сглаз».

Таковы наши краткие рекомендации по работе с эфирным телом для очистки его от искажений и различного рода «навесок». Так что пришла пора подводить очередные итоги.

ИТОГИ

1. В процессе кармического «воспитания» эфирное тело человека является исполнительным инструментом, на который воздействуют более тонкие тела.

2. В случае возникновения кармического заболевания чистка и выравнивание только эфирного тела без изменения отношения человека к миру и стирания негативных мыслеформ могут дать эффект только на непродолжительное время.

3. Чистку эфирного тела можно проводить как с помощью внешних воздействий, так и самостоятельно.

4. К внешним воздействиям относятся помощь различных целителей, сочувствие других людей и использование специальных технических устройств.

5. Самостоятельная чистка эфирного тела может проводиться с помощью процедур закаливания, восточных энергетических гимнастик или интенсивного дыхания.

3.4.1. Чем поможет наука

В этом параграфе мы хотели бы рассказать о некоторых технических устройствах, которые предлагает людям самая современная наука для излечения болезней и защиты от негативных внешних тонкоматериальных воздействий.

Не секрет, что в последние десятилетия многочисленные ученые (в том числе «кондовые» материалисты) пытаются найти вполне рациональные объяснения явлениям, происходящим в Непроявленном мире. То есть вполне материально объяснить то, что нам сегодня представляется чудом и проявлением Божественной воли.

Дело это интересное, в меру полезное, хотя и достаточно опасное. Многие ученые, сделавшие большие шаги в исследовании Непроявленного мира, досрочно отзываются из нашего мира. Но, как и любая другая опасная работа, это не останавливает энтузиастов.

В результате появилось несколько вполне научных теорий, объясняющих явления Непроявленного мира на основе созданных их авторами теорий. В нашей стране группой исследователей под руководством А. Е. Акимова и Г. И. Шипова была создана теория торсионных полей, которая не только позволяет довольно достоверно объяснить многие явления биоэнергетики и парапсихологии, но вплотную подойти к разработке новых технологий, которые позволят улучшить жизнь человека, не уничтожая его среду обитания.

Конечно, как все увлеченные любимым делом люди, их авторы идеализируют свои разработки. То есть они утверждают, что их теории объясняют **все явления** Непроявленного мира.

Как нам представляется, это некоторое преувеличение. Скорее всего, выявленные разработчиками этих теорий микрочастицы — это первочастицы эфирного слоя Тонкого мира. Вроде как электроны и протоны — первочастицы нашего физического мира. Во всяком случае, это очень вероятно.

Но раз есть теория, то она должна давать прикладной результат. То есть давать не только достаточно сложные математические описания Тонкого мира, но и **создавать вполне реальные устройства**, положительно влияющие на наши Тонкие тела. Или хотя бы на эфирное тело, по меньшей мере.

Психотронные генераторы

И такие приборы в реальности создаются. Например, в «желтой» прессе часто встречаются статьи о создании различного рода «торсионных» или «лептонных» излучателей, с помощью которых можно воздействовать на психику людей и даже убивать их на расстоянии. Обычно владение такими приборами приписывается спецслужбам, которые якобы применяют их для воздействия на людей.

Как нам представляется, успехи по разработке подобных излучателей слегка преувеличены. Иначе спецслужбы наверняка потихоньку применяли бы эти приборы по отношению к различным боевикам или иным своим противникам. Или криминальные структуры сводили бы счеты со своими врагами с помощью подобных приборов. Но этого вроде бы нет. Все пользуются обычным стрелковым оружием или взрывчаткой. Иначе наша шумная пресса давно бы обратила внимание на случаи непонятных смертей.

Подобные непонятные смерти имели место сразу после краха КПСС, но это были случаи самоубийств, и они хорошо объясняются вполне понятными техниками психологического кодирования. А мы ведем речь о новых технических приборах.

Так что с боевым применением новых разработок в области тонкоматериальных полей ситуация малопонятна. А вот с полезным применением этих теорий дело более ясное.

В частности, нам известны два направления создания устройств для воздействия на тонкие тела человека. Рассмотрим коротко каждое из них.

Генераторы сверхвысоких колебаний

Первое — это технические приборы, электронные генераторы энергий сверхвысоких частот, попадающих в диапазон частот нашего эфирного тела. Как вы помните, оно самое плотное из всех тонких тел.

Таких приборов сегодня создано немало. Например, это известные генераторы КВЧ (крайне высоких частот). Или приборы миллиметроволновой терапии.

Обычно это вполне традиционные с виду приборы, имеющие источники питания, сложную электронную начинку и специальные излучатели, с помощью которых врач воздействует на тело пациента. Воздействие может вестись по органам нашего тела или по точкам акупунктуры. В каждом случае разрабатывается отдельная технология применения прибора для наиболее эффективного воздействия на тело человека.

Например, аппарат «МИНИТАГ», разработанный в научном центре информационной медицины «ЛИДО» (тел. (095) 930-94-61), излучает электромагнитные колебания в диапазоне от 30 до 325 ГГц (эта информация для тех, кто понимает в электронике). Причем **на эти электромагнитные колебания накладывается физиологически значимая информация** (модуляция). Ученым Центра удалось выделить тот диапазон и амплитуды частот, который **излучает здоровая клетка нашего организма.** И этими же частотами прибор воздействует на наше тело в определенных точках. Тем самым в клетках нашего организма **в принудительном порядке создаются колебания, ха-**

рактерные для здорового состояния организма. А раз клетки здоровы, то и организму в целом болеть незачем.

В этих приборах, как несложно понять, для излечения используются колебания не энергий эфирного плана, а обычные электромагнитные колебания, только очень высокой частоты и очень малой мощности, соизмеримые с фоновым излучением Земли. Тем не менее здесь имеется непрямое **воздействие именно на информацию о состоянии здоровья клеток нашего тела.** То есть на эфирный план. Именно поэтому подобный подход к излечению получил название **информационной медицины**, то есть лечебное действие оказывают не сами колебания, а **наложенная на них информация о здоровом состоянии клеток нашего тела.**

Подобный прибор совсем недавно начали применять в некоторых медицинских центрах. Например, его использует в своей практике врач из Зеленограда А. Семений, который одним из первых получил Сертификат на право профессиональной работы по нашей методике (его тел. (095) 538-96-82).

Приборы индивидуальной защиты

Второе направление применения новых теорий — это тоже создание приборов и устройств, но **устройств индивидуального применения.**

Все известные нам подобные устройства — это небольшие, не имеющие внешних источников питания пластиковые пластины. Внутри них находятся специальные эзотерически значимые символы — треугольники, квадраты, круги, спирали и более сложные фигуры или рисунки, выполненные с помощью специальных технологий.

Обычно это небольшие керамические пластины, внутри которых с помощью высоких технологий расположены рассчитанные по специальным формулам определенные геометрические фигуры — например, спирали, пирамиды или более сложные топографические структуры. Расположение и размеры символов и фигур получены как на основе специальных расчетов, так и по подсказке представителей Высших сил.

Обычно эти приборы ничего не излучают самостоятельно. Они начинают работать, только когда попадают в зону действия ауры человека или когда человек **попадает под действие патогенных тонкоматериальных полей, вредных для здоровья человека.**

Такие вредные для людей поля излучают любые электротехнические приборы — телевизоры, компьютеры, радиотелефоны, передатчики, печи СВЧ, силовое и навигационное оборудование транспортных средств (метро, автомобиль, поезд и пр.), линии электропередач и т. п. Часто патогенные излучения приходят из Земли — в зонах земных разломов, строительства больших инженерных и подземных сооружений, массовых захоронений и пр. (так называемые геопатогенные излучения).

Наконец, к патогенным можно отнести те энергии, которыми обмениваются люди в процессе общения,— особенно когда общение происходит на повышенных тонах, с прямым высказыванием о том, кто о ком что думает. Поэтому повышенной полевой опасностью обладают места скопления озлобленных или агрессивных людей — политические митинги, собрания различных кооперативов, обществ обиженных вкладчиков и т. п. Кроме того, обычный поезд метро или автобус тоже может являться местом негативных энергообменов — это тоже место скопления не только здоровых, но и больных и озлобленных людей.

Несложно понять, что речь здесь идет именно о **тонкоматериальных патогенных излучениях**, а не о об известных электромагнитных полях, которые можно измерить с помощью известных приборов и защититься от них (например, с помощью экранирования).

Такие излучения есть, но существующие электромагнитные приборы их не улавливают. Зато **их видят люди, обладающие соответствующим зрением** — умением видеть ауру человека. Либо их могут измерить биоэнергооператоры с помощью специальной рамки (раньше эта способность называлась «лозоходство» и использовалась для поиска воды).

Приборы индивидуальной защиты улавливают патогенные излучения и преобразовывают их в излучения, полезные для нашего тела здоровья. То есть оказывают положительное влияние на наши тонкоматериальные оболочки (эфирную и даже эмоциональную).

Поскольку устройств, напрямую оценивающих состояние наших тонких тел, пока что не создано, то **оценка эффекта от воздействия созданных приборов индивидуальной защиты** проводится не только по улучшению самочувствия, но и с помощью традиционных медицинских средств контроля и анализа, измеряющих давление, состав крови, снимающих энцефалограммы, и иными самыми современными медицинскими методами. Например, с помощью методов информационной диагностики (Фолля, Накатани, диагностические комплексы АМСАТ и т. п.) позволяют за 15—20 минут оценить качество и степень воздействия этих приборов на состояние здоровья человека.

Другой путь — это показания людей, видящих ауру. Многочисленные проверки с помощью таких экспертов подтверждают положительный эффект от использования приборов защиты. Еще один способ — оценка эффекта по фотографиям ауры человека, благо подобные фотоаппараты созданы и любой желающий может сфотографировать свою ауру (например, в Москве такие аппараты есть в 2—3 местах).

На фотографиях ауры явно видно, что **при наличии прибора индивидуальной защиты** (например, КИТ или БРИЗ) **качество и цвета ауры резко улучшаются за очень короткий промежуток времени** (7—10 минут). На снимках видно, как исчезают «дыры» и неровности в ауре, темные цвета сменяются светлыми, улучшается форма нашего защитного «кокона».

Кроме малогабаритных приборов индивидуальной защиты созданы и распространяются **более мощные приборы в виде «подноса» или «доски»,** которые позволяют чистить и гармонизировать ауру помещения, улучшать химический состав продуктов питания, парфюмерии, косметики, таблеток, порошков и пр. Такие приборы повышают биоэнергетическую ценность «живых» продуктов, производят индивидуальную подгонку лекарственных средств под особенности организма человека, защищают и чистят помещение от вредных излучений, производят эффективный биоэнергетический массаж.

Чистить грехи нужно самим

Добавление светлых цветов в ауру вовсе не означает, что прибор может выполнить процедуру чистки нашего тела эмоций от накопившихся в нем негативных мыслеформ. Нашу работу за нас никто делать не будет! Не один прибор не сумеет изменить наше отношение к жизни, если мы не захотим этого сами.

Но все же прибор может оказывать положительное воздействие на наше психоэмоциональное состояние и защищать нас от патогенных влияний окружающей среды или от негативных эмоций других людей.

Каково долгосрочное влияние таких приборов, пока неизвестно. Станут ли они для нас такими же «костылями» в будущем, как стали для нас одежда, автомобили и телефоны, заменившие наши природные способности, неизвестно. Будем надеяться, что нет. Но и отказываться от использования полезных приборов по чисто идеологическим соображениям — тоже некоторая идеализация (трудно сформулировать — чего). Среда нашего обитания резко изменилась, далеко не в лучшую сторону, и продолжать надеяться только на защитные силы своего организма — очередная идеализация своих способностей (особенно если вы не злоупотребляете физзарядкой и оздоровительными процедурами).

Как нам представляется, если Высшие силы позволили создать подобные приборы, то, похоже, они считают, что человечество может ими пользоваться. Подобного рода устройства использовались людьми всегда (обереги, талисманы, амулеты и пр.). Другое дело, что нынешние приборы индивидуальной защиты созданы на основе вполне объяснимых явлений Тонкого мира и качество их работы не находится в зависимости от здоровья и уровня духовного развития колдунов и шаманов, традиционно «кодирующих» и распространяющих подобные устройства.

Так что не будем разрушать надежды Высших сил, давших нам информацию о возможности создания подобных приборов.

Автор настоящей книги в течение года пользуется прибором индивидуальной защиты и собирается пользоваться им в будущем. Здесь мы проинформировали вас о наличии таких приборов, а приобретать их для себя или нет — решать вам самим.

А мы пока подведем очередные итоги.

ИТОГИ

1. Современная наука активно исследует Тонкий мир и успешно работает над созданием технических устройств, воздействующих на физическое и тонкие тела человека.

2. Одно из таких направлений — это информационная медицина, которая воздействует на клетки и органы человеческого тела информацией об идеальном здоровом состоянии клетки или органа.

3. Другое направление — создание индивидуальных генераторов тонкоматериальных энергий для защиты человека от патогенных полевых воздействий, гармонизации его собственных полевых структур и улучшения условий его саморазвития.

3.5. ФИЗИЧЕСКОЕ ТЕЛО — НЕ ЗАБЫТЬ БЫ ПОЧИСТИТЬ

Рассматривая процедуры чистки, желательно не забыть о самом реальном нашем теле — физическом. Это тело является хранилищем нашей души, средством реализации ее замыслов и общения с другими людьми.

Поэтому, как бы ни были высоки устремления нашей души, нам не годится забывать и о физическом теле. Потому что тело само по себе требует заботы — чтобы его кормили, поили, содержали в тепле, периодически разминали и содержали в чистоте. Иначе оно откажет, и все наши высокие (или не очень) устремления окажутся пустыми мечтаниями, поскольку больное тело не позволит нам заниматься тем, чем мы бы хотели.

То есть наше тело само по себе является одной из важных составляющих элементов сложного образования под названием «человек». И через тело же наши тонкоматериальные оболочки могут оказывать разрушающее влияние на наши планы и поступки — в соответствии с требованиями «воспитательного» кармического процесса.

Здоровое тело и здоровая душа — есть ли связь?

Если наше тело такое важное, то возникает вопрос: можно ли с его помощью влиять на заполнение своего «сосуда кармы»? То есть если тело здорово, то обязательно ли будет здорова душа?

Если вспомнить схему «сосуда кармы», то можно смело ответить, что нет. Мы знаем, что абсолютно здоровое тело дается далеко не каждому человеку. Точнее говоря, очень даже редко кому. Скорее всего, это одна из **разновидностей способностей**, которые даются душе человека при ее очередной инкарнации. В практическом плане это может быть способность к достижению успехов в спорте или к полетам в космос (поскольку космонавтом может быть только совершенно здоровый человек). Иначе чем можно объяснить, что один человек от природы хорошо поет, другой хорошо считает, а третий быстро бегает. Конечно, в спорте нельзя добиться побед без большого и напряженного труда. Но и без данных Природой способностей больших результатов также не получишь.

Поэтому будем считать, что **хорошее здоровье — это одна из способностей, данных человеку при рождении.** И его задача в этой жизни — не начать идеализировать этот свой талант. Поскольку со способных спрос строже, чем с неспособных. И назад их могут забирать раньше, пока «сосуд кармы» не переполнился и они не скатились далеко вниз по лестнице духовного развития. Но об этом мы уже рассказывали.

Способы чистки физического тела

А сейчас мы хотели бы сказать несколько слов о способах чистки нашего физического тела. Это поле многократно перекопано, так что мы беремся лишь как-то классифицировать то, что уже наработано различными авторами.

Итак, как же люди чистят свое тело в случае возникновения проблем (заболеваний)? Как вы понимаете, путей тут множество.

Лечение лекарствами

Традиционный путь в случае возникновения заболевания — **прием лекарственных препаратов.** То есть введение внутрь дополнительных препаратов, которые должны прореагировать с имеющимися внутри организма веществами и привести все в порядок.

Внешне это напоминает ситуацию, когда некая емкость (наше тело) переполнилась всякой дрянью (последствиями неправильного питания, питья, режима жизни), которая в некоторых местах начала бродить (или загнивать).

И вот вместо того, чтобы почистить эту емкость, мы еще добавляем туда каких-то снадобий, которые гасят процесс брожения в этом месте. На время, естественно. Через некоторое время процесс гниения начинается в другом месте, мы снова подсыпаем туда специального порошочка, процесс опять на время затухает. И так всю жизнь — на таблетках.

Именно так, хотя и не очень аппетитно, можно представить себе традиционный путь лечения людей, не следящих за своим здоровьем.

Если человек осознал вредность беспорядочного и некачественного питания, питья и режима жизни, он начинает соблюдать какие-то правила заполнения емкости своего тела внешними веществами (пищей, питьем). Например, переходит на вегетарианство, раздельное питание или любую другую систему питания. Годится все, что хотя бы как-то улучшает работу наших внутренних органов. Это еще не чистка, но хотя бы приведение содержимого нашего организма в состояние, удовлетворяющее его природным требованиям. При такой жизни наш организм хотя и загрязняется, но значительно меньше, чем при беспорядочном (то есть обычном) образе жизни без всяких систем.

Чистка физического тела

Но чтобы наше тело чувствовало себя действительно хорошо, **нужно его периодически чистить от различного рода шлаков и отложений.**

Для этого используются широко известное голодание и специальные очистительные процедуры. Полный перечень таких процедур можно найти в книгах М. Малахова и многих других авторов.

Эти процедуры дают замечательный результат, но требуют немалых усилий над собой. Лень и активно работающая «словомешалка», постоянно сеющая сомнения в эффективности этих процедур, ограничивают возможность их применения для многих людей. Они ищут более легких путей и, естественно, находят. Например, в виде специальных пищевых добавок, предназначенных для очистки организма от шлаков. Различных добавок изобретено великое множество, как зарубежных, так и отечественных. Если есть деньги на такие добавки, то совсем не вредно их покушать (или выпить?).

Все это хорошо известно, и любой из способов чистки может оказать положительное влияние на ваше здоровье (хотя бы недолгое, если причина заболевания лежит в тонких телах).

Как здоровье влияет на «сосуд кармы»

А теперь вернемся к исходному вопросу: может ли борьба за свое здоровье оказать влияние на заполнение «сосуда кармы»?

Наверное, может. Хотя бы потому, что если вы стали бороться за свое здоровье, то оно уже не позволяет вам жить и поступать по-прежнему. Еще относиться к миру по-прежнему вы можете, а вот поступать — уже вряд ли. Здоровье не позволяет. Так что вы будете вынуждены изменить свое поведение на более благостное. То есть такое, которое будет способствовать перекрытию каких-то клапанов вашего «сосуда кармы». А если болезнь прижмет посильнее, и вы попадете в больницу, то у вас будет много свободного времени, чтобы подумать о смысле жизни. Пребывание в некоторых больницах (особенно в онкологических) оказывает очень оздоравливающее влияние на отношение к миру многих людей. Не всех, но многих.

Так что можно констатировать, что само по себе здоровье мало связано с кармическими взаимодействиями. А вот борьба за отсутствующее здоровье может оказать очень благотворное влияние на ваше отношение к жизни. Мы не хотели бы желать вам испытать это удовольствие. Но если так уже случилось, то не упускайте возможность. Наряду с чисткой тела не забудьте почистить мысли и эмоции. Благо время для этого будет.

На этом наши туманные рассуждения о здоровье мы завершаем. И переходим к очередным итогам.

ИТОГИ

1. Природное хорошее здоровье можно рассматривать как один из талантов, данных человеку при рождении.

2. Чистка физического тела напрямую не влияет на заполненность «сосуда кармы». Но обстоятельства, при-

водящие человека к необходимости чистки своего организ-
ма, могут оказывать положительное влияние на его от-
ношение к жизни.

3.6. ЧТО БЫ ЕЩЕ ПОЧИСТИТЬ?

Итак, мы завершили рассмотрение способов и по-следствий чисток пяти наших тел, включая четыре тон-ких и одно физическое (у кого есть два физических, можете почистить оба). Достаточно ли этих способов для того, чтобы жизнь стала комфортной и ваши цели стали реальностью?

Как нам представляется, да. Чистка кармического, ментального и эмоционального тел позволит снизить уровень заполнения вашего «сосуда кармы» процентов до 40—50. Это вполне комфортный уровень, когда у вас еще есть желания в материальном мире и практически нет кармического «воспитания». Точнее, оно, конечно, есть. Но вы очень быстро реагируете на «воспитатель-ные» меры и повторно применять их по отношению к вам нет необходимости. Жизнь есть цирк, а вы почти все время наблюдаете представление, лишь изредка включа-ясь в активный процесс жизни, — только чтобы получить желаемое.

Насколько будем чистить

Нужно ли чистить «сосуд кармы» дальше? Если пом-ните, мы уже рассматривали этот вопрос. Практикую-щему целителю или религиозному деятелю — да. А всем остальным людям, желающим остаться жить в нашем материальном мире, — вряд ли.

Поскольку эта книга рассчитана на массового чита-теля, мы не будем углубляться в методы полного осуше-ния «сосуда кармы». Точнее говоря, мы сами их слабо представляем. За исключением полного соблюдения ре-лигиозных обрядов и ограничений, естественно.

Поэтому главу о чистках наших тел на этом заканчиваем. Наши читатели могут использовать для решения вопросов своей внутренней очистки любые известные им методы и приемы. Те, которые мы рекомендуем, или любые другие, о которых мы даже не упомянули. Различного рода техник сегодня существует множество, и часть из них довольно эффективна.

Работайте сами

Единственное условие, которое мы рекомендуем соблюдать при выборе способа чистки ваших тонких тел, — это **необходимость вашей самостоятельной работы.** Никакие приборы, таблетки или внешние воздействия разных шаманов, выполненные за любые деньги, не заменят вам самостоятельной работы. Они могут помочь (по трубе «сторонние воздействия»), но только на время. Клапаны ваших ошибочных убеждений они не перекроют. Эти клапаны — в вашей голове, а туда без вашего разрешения никто залезть не может.

Так что желаем вам полного успеха в деле избавления от кармического «воспитания»!

4. ДУХОВНОСТЬ И БИЗНЕС – ЕСТЬ ЛИ ПЕРЕСЕЧЕНИЯ?

В этой главе книги мы хотели бы рассмотреть совсем новый вопрос, который мало пересекается с предыдущим материалом. Вопрос не очень простой – **можно ли сочетать обычную жизнь**, полную бытовых и материальных проблем, **с высокой духовностью?** Или еще более сложный вариант – можно ли сочетать занятие бизнесом и духовный рост? То есть может ли быть духовным человек, доминанта интересов которого явно относится ко второй ступени лестницы духовного развития?

Такой вопрос нередко интересует людей, вставших (или хотя бы желающих встать) на путь духовного развития. Можно ли стремиться к хорошей зарплате или другим материальным благам и при этом оставаться на пути духовного развития?

Это совсем не отвлеченное философское рассуждение. Мы встречали немало людей, которые получали совсем неплохую зарплату и одновременно пытались соответствовать некоторым христианским заповедям, которые вовсе не одобряют накопление богатств на земле. То есть такой человек пытается одновременно идти по дороге духовности и дороге материальности, а это не совсем одна и та же дорога. Такое сочетание приводит к тому, что человек зарабатывает деньги и одновременно осуждает себя за это.

Итог такого движения несложно предсказать – в результате самоосуждения «сосуд кармы» переполнится, и человек лишится работы и денег. И высокой духовности при таком исходе ожидать трудно, поскольку у человека появится еще больше причин для недовольства миром. Он ведь не перестал ценить земные блага, которых лишился в порядке кармического «воспитания» при наполнении «сосуда кармы».

Но обязателен ли такой итог? Нет ли возможности все же как то сочетать реальную жизнь с ее вполне земными потребностями и высокую духовность? Чтобы ответить на этот вопрос, сначала рассмотрим само понятие духовности.

4.1. ЧТО ТАКОЕ ДУХОВНОСТЬ?

Итак, можно ли сочетать стремление к комфортной и обеспеченной жизни и высокую духовность? Как нам представляется, может. А чтобы обосновать эту позицию, нужно договориться о том, что мы будем понимать под термином «духовность».

Этот термин сегодня очень активно используется самыми различными лицами и организациями, включая религиозные, эзотерические, патриотические, политические и многие другие. И каждый вкладывает в этот термин свой смысл. Для одних духовность — это вера в Бога. Для других — служение Высшим силам в той системе верований об устройстве Непроявленного мира, которой они придерживаются. Для третьих — это любовь к Родине, народу (причем это может быть какая-то избранная часть народа), семье, детям, различные варианты безвозмездного служения людям и т. д.

Если вернуться к истокам, то можно узнать, какой смысл вкладывали в это слово в прошлом веке. Например, в словаре С. Ожегова **духовность** определена как **свойство души, состоящее в преобладании духовных, нравственных и интеллектуальных интересов над материальными.**

То есть у человека есть душа, которая не очень жалует материальные интересы, предпочитая им другие ценности. То же — духовные, под которыми, видимо, понимается религиозность.

Годится ли нам такое определение? Не совсем. Оно не очень корректно, поскольку включает в себя два других неопределенных термина — «душа» и «духовные интересы».

Тем не менее что-то полезное мы из этого определения можем взять. Например, его основную идею, состоящую в том, что материальные интересы вторичны по сравнению с религиозными (и всеми иными).

Что такое религиозность?

Но что означают религиозные интересы или религиозность? Несложно понять, что это означает **веру в Бога и выполнение правил поклонения ему в соответствии с требованиями своей религии.**

А что такое вера в Бога? Это вера в то, что в Непроявленном мире существует единый Творец, а наш мир является результатом его деятельности. То есть этот мир принадлежит ему и нам не следует забывать об этом. И все это должно приниматься на веру, поскольку никаких объективных доказательств в подтверждение религиозных идей не приводится.

Но, если припомните наши рассуждения по поводу «сосуда кармы», они базировались **примерно на тех же исходных позициях.** Что этот мир создан не нами и очень желательно не иметь в голове идей о его неправильном устройстве.

То есть человек, принявший для себя идею «сосуда кармы» и начавший строить свою жизнь в соответствии с основным кармическим требованием, **является в какой-то мере религиозным.** Именно потому, что и мы сначала предлагаем принять все наши рассуждения на веру. Иное дело, что в нашей модели устройства мира есть все способы и приемы практической проверки действенности предложенной модели. Вы проверяете, и если она работает, то ее правильность можно считать доказанной.

Другое дело — любая существующая религиозная система. Там есть специальные люди (священники и т. п.), которые уполномочены выступать посредниками между вами и Высшими силами, передавать им ваши просьбы и доводить до вас их решения. В этой модели взаимодействия с Высшими силами вам отводится совсем незавидная роль — верить и ждать результата. Известно, что такая модель взаимодействия с Высшими силами неплохо работает, но только **при наличии веры**. А при наличии сомнений — нет.

В нашей модели требования принимать все на веру нет — все **проверяется на практике**. Легко вычисляются избыточные идеализации и применяемые к вам способы их разрушения, известны правила ухода от кармического «воспитания», отработаны технология заказа и реализации ваших пожеланий — все это может проверить на себе любой, даже самый отъявленный скептик (хотя скептицизм — та же идеализация своих способностей определять истину).

Наша теория — аналог религиозной системы

Так что без особых переживаний мы беремся утверждать, что **наша модель устройства Непроявленного мира очень похожа на одну из религиозных систем**, благо в мире их существует несколько сотен. И верование в любую из этих религиозных систем является деянием духовным, поскольку в приведенном выше определении духовности не указана конкретная религиозная конфессия. Хотя очевидно, что С. Ожегов имел в виду русское православие (есть еще несколько православных церквей — греческая, катакомбная, старообрядческая и пр.).

Так что человек, придерживающийся изложенных нами идей Общей теории кармических взаимодействий, практически **верует в наличие Высших сил** и соответственно смело **может относить себя к людям религиозным** (хотя и без определенной религиозной принадлежности). То есть **к людям духовным.**

А если он контролирует свои клапаны «сосуда кармы» и прилагает усилия к его очищению, то может смело считать себя **человеком высокодуховным**.

Конечно, мы должны сделать некоторые оговорки. Истинная религиозность предполагает страстную и всеохватывающую веру в Бога и постоянное служение ему. Но может ли быть религиозным в такой степени человек, живущей обычной жизнью? Скорее всего, нет. Это удел людей, посвятивших всю свою жизнь служению Богу,— то есть монахов, священников и т. п.

Поэтому обычным людям остается лишь исполнение религиозных обрядов с доступной им степенью веры и усердия. Для многих это становится почти формальным исполнением религиозных ритуалов без истинной веры в душе. Это тоже лучше, чем ничего. Но ничем не лучше случая, когда вы не исполняете обряды, но **верите в Бога в душе и сообразуете свои мысли и действия с Его требованиями к нашему мировоззрению.** А как раз наша система взглядов на мир в доступной форме отражает Его требования к нашим мыслям и поведению человека в этом мире. Во всяком случае, нам так представляется.

Человек может быть богатым!

Достоинством предлагаемой нами системы верований является то, что она вовсе **не требует выполнения специальных ритуалов служения Высшим силам.** Таким **ритуалом может быть самая обычная жизнь человека —** если он не будет иметь идей о неправильности устройства этого мира. Соответственно не нужны специальные места и специальные ритуалы выполнения обрядов служения Высшим силам, специальные посредники между человеком и Высшими силами и т. д. Служить Богу можно своей повседневной жизнью, даже если вы служите в банке или торгуете на рынке!

Мы прекрасно понимаем, что эти утверждения вызовут очередные приступы раздражения у многих читателей. Но напоминаем, что раздражение — это явный признак идеализации вашей модели устройства мира. Будьте благостны, позвольте и нам иметь свою точку зрения по этому вопросу. Хотя бы и ошибочную (на ваш взгляд).

Кроме того, предлагаемая нами система верований, если вы помните, совсем **не отвергает возможности комфортного существования человека в этом мире.** Согласно ее положениям, страдания и иные виды несчастной жизни совсем не обязательны для человека. На наш взгляд, они вовсе не подтверждают его духовность, а **показывают его неумение понимать и выполнять те требования, которые предъявляют Высшие силы к каждому человеку.** И ничего больше.

Кому-то может показаться, что подобными утверждениями мы призываем не верить в Бога. Ни в коем случае! Автор настоящих строк сам периодически посещает церковь и всегда пользуется молитвой при общении со своим Высоким Учителем. Если вы верующий, то пожалуйста — веруйте, сколько сможете, выполняйте все обряды и радуйтесь своей духовности.

Но если вас что-то не устраивает в жизни, то попробуйте одновременно применить нашу систему взглядов на требования Высших сил к поведению человека в этом мире. Возможно, вам придется что-то подправить в вашей системе взглядов на окружающий мир. Но совершенно очевидно, что жизнь ваша станет от этого явно комфортнее. И вы сможете выполнять свои религиозные обряды с более спокойным и благостным состоянием души.

Заканчивая эти затянувшиеся рассуждения, мы переходим к подведению итогов.

ИТОГИ

1. Понятие духовности означает преобладание религиозных интересов над материальными.

2. Религиозность означает веру человека в наличие Бога в Непроявленном мире и выполнение определенных ритуалов поклонения ему.

3. Предлагаемая Общая теория кармических взаимодействий также предполагает веру в наличие Высших сил в Непроявленном мире, то есть она близка к системе взглядов, которые можно назвать религиозными.

4. Человек, принявший к исполнению рекомендации Общей теории кармических взаимодействий по поведению в этом мире, смело может относить себя к людям религиозным и духовным.

4.2. БИЗНЕС И ДУХОВНОСТЬ — МОЖНО ЛИ СОВМЕСТИТЬ?

Теперь, когда мы так смело отнесли к духовным людям тех, кто придерживается идей Общей теории кармических взаимодействий, вернемся к первоначальному вопросу: можно ли сочетать занятие бизнесом и высокую духовность?

В традиционных религиях этот вопрос решается достаточно однозначно — нельзя. Это отражено в соответствующих высказываниях или пословицах. Например: «Нельзя служить Богу и Мамоне одновременно» (где Мамона — покровитель денег). Или: «Легче верблюду пройти сквозь угольное ушко, чем богатому попасть в Царствие Небесное».

Большие деньги — испытание для души

Такое отношение к богатству не лишено смысла. Деньги (особенно большие) в этой жизни даются далеко не всем, и еще меньше людей выдерживает испытание деньгами. Деньги являются мощным инструментом, провоцирующим на развитие в человеке множества негативных мыслей, эмоций и поступков. Не у всех, конечно. Но у многих.

Как нам представляется, особенно велика вероятность появления ошибочных убеждений у тех людей, кто сначала был бедным, а потом добился преуспевания. Это порождает идеализацию своих способностей, гордыню, презрение и осуждение других людей и другие столь же неблагостные качества личности. А раз вы забываете, кто дал вам эти способности, то недалеко и до кармического «воспитания».

Если же человек родился в обеспеченной семье и богатство является его естественной средой обитания, то ему незачем превозносить себя и презирать остальных людей. Такой человек может иметь самые прекрасные качества личности и убеждения, хотя и жить в обеспеченности.

Но таких людей, к сожалению, немного. В нашей стране их практически нет, поскольку обеспеченные люди появились только в последнее десятилетие. Большинство наших богатых людей переполнены отрицательными страстями и мыслями, поэтому создается впечатление, что богатство и духовность несовместимы. Возникает идея, что духовными могут быть только бедные,— у них нет оснований превозносить себя и осуждать других.

Тем самым бедным и несчастным людям предлагается терпеть текущее состояние, а в качестве утешения предлагается сладкая жизнь в мире потустороннем. Такая логика лежит в основе большинства религий.

Мы придерживаемся несколько иной точки зрения на этот вопрос.

Главное — не иметь ошибочных убеждений

Для тех, кто признал хотя бы немного здравыми рассуждения предыдущего параграфа, ответ на этот вопрос ясен. Мы считаем, что можно быть духовным бизнесменом, **если при занятиях бизнесом** (или просто на высокооплачиваемой работе) **не допускать переполнения своего «сосуда кармы».**

Соблюдение основного кармического требования автоматически означает, что вы верите в наличие сил Непроявленного мира, которые отслеживают наше поведение в этом мире и занимаются нашим «воспитанием». То есть практически вы верите в наличие Бога, хотя и не очень обычного,— не требующего выполнения религиозных ритуалов поклонения ему. А требующего только одного — не идеализировать ничего в окружающем мире!

Доступно ли это для людей, занимающихся бизнесом или получающих большую заработную плату? Как показывает наш опыт консультирования — вполне.

Нам приходилось встречать «новых» русских бизнесменов, которые очень стараются честно вести свои дела, не осуждать других людей и не превозносить себя.

Конечно, с точки зрения налоговой инспекции они могут быть не очень благостными. Скорее всего, налоги они недоплачивают. Но что делать, таковы условия игры под названием «бизнес» в нашей стране. В ходе перестройки успеха в бизнесе добились люди самые энергичные, честолюбивые и, к сожалению, пользующиеся далеко не благостными методами первичного накопления капитала. Но так было во всех странах мира, в которых устанавливался капитализм.

Это не значит, что мы оправдываем их действия. Но и не осуждаем. Большие деньги — это большое испытание, и далеко не все выдерживают его. И далеко не каждый человек **заслужил возможность пройти такое испытание.** К процветанию в бизнесе стремятся многие, но достигают успеха единицы.

Мы не беремся осуждать их путь в бизнесе, поскольку, если вы помните, согласно нашей системе взглядов, Высшим силам все равно, каким путем вы получаете доходы. Важно только то, что вы при этом думаете и какие эмоции испытываете. Для них важно только одно — чтобы ваша душа не переполнилась недовольством окружающим миром.

Поскольку эти бизнесмены попали на прием к психологу, то, очевидно, **у них были в бизнесе какие-то проблемы** (человек без проблем наслаждается жизнью и не ходит на консультации). Другое дело, что эти бизнесмены не старались любой ценой переломить ситуацию и вернуться к успеху (что является типичной идеализацией цели), а старались понять, **что же они не так делают в жизни.** И за что жизнь наказывает их («воспитывает» — в нашей терминологии). Как вы понимаете, в рамках нашей системы взглядов подобные события находят полное объяснение — вместе с путями исправления ситуации. Важно только вовремя остановиться и задуматься над скрытым смыслом возникающих на вашем пути проблем. Здесь и за консультацией не грех обратиться. Не за талисманом, поскольку он может дать удачу в делах, но **только на время**. Здесь срабатывает тот же самый механизм, что и обращение к целителю без изменения своего отношения к миру.

Поэтому мы рекомендуем не сливать свои грехи с чужой помощью по трубе «сторонние воздействия», а перекрывать клапаны своего «сосуда кармы» сверху. Эффект от этого будет более надежным и долговременным.

Как поддерживать свою духовность

Поэтому мы предлагаем людям, стремящимся к получению больших доходов и заботящихся о своей душе, внимательно ознакомиться с моделью «сосуда кармы» и найти те клапаны, по которым они могут активно накапливать свои грехи. **И постоянно контролировать свое отношение к жизни и бизнесу, не допуская переполнения своего «сосуда кармы» свыше 60%.** Тем самым вы научитесь довольно спокойно относиться к миру, который обязательно **будет проверять вас на наличие идеализаций.** Если при этом вы не переполнитесь негодованием и другими негативными эмоциями, то вам будут доступны любые вершины. Эти вершины помогут вам достичь Высшие силы, которым будет угодно ваше отношение к миру, то есть ваша духовность.

Набор типичных идеализаций для предпринимателей мы уже рассматривали.

На этом мы заканчиваем наши рассуждения о возможности соединения духовности и занятий бизнесом. Возможно, они **могут пригодиться какому-то общественному движению или политической партии,** отстаивающей интересы предпринимателей. Поскольку такой партии трудно вступать в идеологический союз с традиционной церковью — все религии ориентированы на поддержку бедных и несчастных. Мы — наоборот.

А сейчас мы переходим к подведению последних в этой книге итогов.

ИТОГИ

1. Традиционные религии, опирающиеся на массы бедных и несчастных людей, поддерживают идею о том, что богатство и духовность несовместимы.

2. Богатство, особенно полученное в результате собственного труда, часто провоцирует людей на возникновение идеализаций собственных способностей, гордыни и т. д.

3. Предприниматель, стремящийся к достижению успеха в своем деле и одновременно соблюдающий основное кармическое требование, может получить полную поддержку Высших сил. Его система взглядов на мир отвечает их требованиям, что делает его духовной личностью.

Заключение

На этом мы хотели бы завершить очередной этап общения с читателями. Мы рассчитываем, что изложенная в книге информация окажется полезной для вас. Не только интересной, но и реально полезной. То есть поможет вам улучшить свое отношение к миру, избавиться от каких-то проблем в жизни или от болезней кармического происхождения.

Заканчиваются ли на этом наши исследования Неведомого? Скорее всего, нет. Уже сейчас есть некоторые идеи дальнейших исследований, которые потребуют длительной проверки. Конечно, если Высшим силам это будет угодно. Не будем избыточно идеализировать свои способности.

Присылайте свои вопросы

Тем не менее мы обращаемся с просьбами к нашим читателям. Нам очень интересны случаи практического использования и получения эффекта от применения нашей системы взглядов на законы функционирования этого мира. Особенно если эффект получен в результате только изучения книг и самостоятельного использования полученных из них сведений.

Для нас очень важно, какие еще вопросы интересуют вас и других пользователей нашей системы знаний. Если вы пришлете такие вопросы мне, то их можно будет задать Высокому Учителю и получить ответы. Так что ждем писем с вопросами, но не с вопросами о вашей конкретной ситуации. А вопросы общеметодического и познавательного плана, ответы на которые будут полезны всем нашим читателям.

Автор не является ясновидящим, поэтому он не может диагностировать причины происходящих в вашей жизни проблем заочно, по письмам. Измерить заполненность «сосуда кармы» — пожалуйста, а вот диагностика причин кармического «воспитания» возможна только при прямой встрече со мной или со **специалистом, профессионально владеющим нашей системой знаний.** Так что если после прочтения и этой книги у вас остались какие-то вопросы (чего вроде бы быть не должно), то рекомендуем обращаться только к таким профессионалам.

Академия гармоничного взаимодействия

В ближайшем будущем планируем подготовить группу специалистов из разных городов, кто смог бы давать профессиональные консультации с использованием нашей системы знаний (и любой другой методики дополнительно).

К такому специалисту мы предъявляем довольно **жесткие требования**. В частности:

■ он должен иметь «сосуд кармы», заполненный не более чем на 40% (иначе он будет перекладывать свои личные проблемы на пациентов, чем грешат многие нынешние специалисты);

■ он должен пройти наш учебный семинар;

■ он должен пройти стажировку в качестве преподавателя семинара и консультанта.

Соответствовать всем указанным требованиям, конечно, непросто. Хотя и не очень сложно, было бы желание. Все такие специалисты на ассоциативных началах будут **объединены в Академию гармоничного взаимодействия**, о чем у них **должен быть соответствующий Сертификат**. Чуть подробнее об условиях вступления в состав Академии сообщается ниже.

Сегодня подобный **Сертификат имеет только один человек** — Александр Тимофеевич Семений, врач из Зеленограда (его тел. (095) 538-96-82). Наряду с **информаци-**

онной медициной он может вполне профессионально оказывать услуги и по нашей системе знаний.

В других городах пока что подобных специалистов нет. Но могут быть при наличии желания. Если они появятся, мы сообщим их координаты в следующих выпусках наших книг или в нашем журнале.

Перспективы — свой журнал

А мы будем продолжать наши исследования и всеми возможными способами доводить результаты до вас. Поскольку написание книги — процесс небыстрый, мы решили выпустить свой журнал. Пока его условное название «Эзотерика для домашнего применения». Как видите, содержание журнала будет таким же прикладным, как и наши книги. Скорее всего, в журнале вы найдете следующие рубрики:

Новые наработки по Общей теории кармических взаимодействий и Методике формирования событий;

Заочные консультации А. Свияша по письмам читателей;

Советы взрослым и детям (материалы по семейным взаимоотношениям, совпадающие с нашей системой взглядов);

Новая информация о законах функционирования Непроявленного мира (статьи различных авторов, объясняющие происходящие в мире события);

Представляем целительские и духовные центры России (здесь будут последовательно представляться различные эзотерические академии, университеты, школы, медицинские центры и пр.);

Оригинальные приборы, устройства, вещества — в помощь Искателю (рассказ о приборах типа «Новодример» для управляемого сна, «Орион» для светомузыкальной медитации, устройствах полевой защиты и подобных);

Заочная школа «Нетрадиционный менеджмент» для подписчиков журнала;

Портрет Участника Ассоциации (рассказ об одном из целителей или центре, оказывающем оригинальные услуги);

Обзор новых книг, рекомендуемых для саморазвития;

Информация Академии гармоничного взаимодействия;

Справочник Участников Ассоциации «Человек третьего тысячелетия»;

Информация о будущих семинарах, конференциях, сборах Участников Ассоциации.

Все материалы планируется приводить с указанием адресов, телефонов, цен, мест и условий приобретения или получения услуг и т. д. Пока что журнал будет выходить раз в два месяца.

Если вас заинтересовало это издание, **вы можете получить три номера** еще в этом году. Поскольку подписного индекса в Союзпечати у нас пока что нет (до 1999 года), то для получения трех журналов вы можете **прислать 30 рублей почтовым переводом** по адресу: 123448, Москва, а/я 14, Байдаковой Елене Анатольевне. Журнал мы пришлем вам в конверте по почте (москвичи могут просто купить журнал у нас). А в следующем году мы попробуем заиметь свой подписной индекс. Если, конечно, вы поддержите наше начинание.

На этом мы прощаемся с вами и желаем вам полупустого «сосуда кармы». И себе тоже.

А. Свияш
26.05.1998

СОДЕРЖАНИЕ

Введение 3

1. ЕСТЬ ЛИ ПРОБЛЕМЫ НА ДУХОВНОМ ПУТИ 10
   1.1. «Сосуд кармы» — что нового? 10
   1.2. Куда идти? Лестница духовного развития . 33
   1.3. Способы кармического «воспитания» . . . 52
   1.4. Общая теория кармических взаимодействий 60

2. КАК НАС «ВОСПИТЫВАЮТ» 61
   2.1. Проблемы во взаимоотношениях с родителями 61
   2.2. Почему спивается муж? 70
   2.3. Нет ребенка — за что? 81
   2.4. Одиночество — подарок не для всех . . 89
   2.5. Когда уходит муж 107
   2.6. Проблемы жен «новых русских» 120
   2.7. Если ребенок — наркоман 131
   2.8. Проблемы с работой или бизнесом . . . 136

3. ЧИСТИМ СВОИ ПРОБЛЕМЫ 157
   3.1. Проблемы кармического тела 159
   3.2. «Ежик событий». Работаем на опережение 168
   3.3. Долой негативные эмоции! 178
   3.4. Эфирное тело — основа физического здоровья 187
       3.4.1. Чем поможет наука 193
   3.5. Физическое тело — не забыть бы почистить 200
   3.6. Что бы еще почистить? 205

4. ДУХОВНОСТЬ И БИЗНЕС — ЕСТЬ ЛИ ПЕРЕ-
   СЕЧЕНИЯ? 207
   4.1. Что такое духовность? 208
   4.2. Бизнес и духовность — можно ли совместить? 213

Заключение 218